INCAS

UNA GRAN HISTORIA

PICHONCITO
FLY BOOKS

Incas: una gran historia

Edición general: Adriana Roca
Coordinación editorial: Karina Villalba
Investigación y redacción: Yesenia Silva
Dirección gráfica y de diseño: Raquel Tudela
Diseño e ilustración: Melissa Siles
Diagramación: Andrea Wilson
Cuidado de edición: Jorge Cornejo
Comité editorial Museo de Arte de Lima – MALI:
Cecilia Pardo
Julio Rucabado
Patricia Villanueva
Ricardo Kusunoki
Sharon Lerner
vm& estudio gráfico
Consejero historiador: Ricardo Guerrero

Junio 2026
Corporate Graphics Commercial
1750 Northway Drive
North Mankato, MN 56003
United States
ISBN: 979-8-218-86046-2

INCAS

UNA GRAN HISTORIA

Los imperios han moldeado la historia de la humanidad. Asirios, babilonios, persas, griegos, romanos, mongoles, chinos, austrohúngaros, mayas y aztecas, entre muchos otros, dejaron legados indelebles —mitos, templos, fortalezas, vestimentas, canciones, poemas y obras de arte— que admiramos y estudiamos con el propósito de entender mejor quiénes somos y hacia dónde se dirige nuestra civilización.

Del valle del Cuzco, en el corazón del Perú, surgió el imperio más formidable de la historia de Sudamérica, uno que logró extenderse desde Quito (Ecuador), en el norte, hasta el río Maule (Chile), por el sur, y que logró asombrosas hazañas militares, tecnológicas, políticas, arquitectónicas y artísticas. Un imperio que floreció durante 100 años y finalmente colapsó —como tantos otros imperios— por una lucha de sucesión, el creciente malestar de etnias que integraban sus dominios y el arribo a sus territorios de otro pueblo con armas, enfermedades y animales desconocidos. Un imperio que admiramos y estudiamos desde hace muchos años, y cuyos misterios seguiremos descifrando por muchos años más. Un imperio cuyo legado ha sido reconocido como Patrimonio de la Humanidad. El Imperio inca, el Tahuantinsuyo.

El Museo de Arte de Lima (MALI) ha logrado reunir una exhibición sin precedente de artefactos incas. Esta llega a su hogar, el Perú, acompañada del categórico respaldo de las investigaciones más recientes, que nos invitan a redescubrir a nuestros antepasados, revisitar antiguas concepciones y sentir más cerca a los incas en toda su vibrante energía, en su más auténtica humanidad.

El equipo de Pichoncito Fly Books se siente honrado de haber podido colaborar con el MALI y con los más admirables investigadores, arqueólogos e historiadores para editar *Incas: una gran historia*, un libro que aspira a acompañar el recorrido de la exhibición y, sobre todo, acercar a los niños de todo el mundo a las hazañas, desafíos, logros y derrotas de este deslumbrante imperio.

Todo empieza con una historia. Esta historia empieza en uno de los lagos más altos del mundo, cuando un hombre y una mujer, hijos del Sol, empuñaron un varayoc. La historia de los incas. Una gran historia.

Pichoncito Fly Books
Boston, junio de 2026

Índice

Cómo usar este libro

¿Cómo empezó el Imperio inca? ¿Quién lo creó y por qué? ¿Cómo se convirtió en el imperio más grande de América del Sur? ¿Cuáles fueron sus principales monumentos? En *Incas: una gran historia*, queremos acercarte al maravilloso y amplio mundo de los incas para que puedas responder todas esas preguntas.

Este es un libro que puede leerse secuencialmente, como una gran historia, con un inicio y un final. Pero también puedes abrirlo en cualquier página para conocer un componente del mundo inca —por ejemplo, cómo construían o cómo vestían—. Puedes volver al libro una y otra vez y descubrir algo nuevo en cada lectura.

A continuación, te explicamos cómo interpretar todos los tipos de información y símbolos que encontrarás a lo largo del libro.

TEXTO PRINCIPAL
Aquí encontrarás la información primordial sobre el tema que se presenta en el pliego.

NOTAS O DATOS CURIOSOS
Encontrarás una aproximación detallada a un dato de particular relevancia sobre el tema tratado en el pliego.

APUNTES DEL ARQUEÓLOGO
Se pone de relieve información arqueológica significativa, para que puedas estudiar —como un arqueólogo— las piezas clave que revelan detalles del pasado y te permiten entenderlo mejor.

ZOOM
Una imagen o símbolo destacado de especial importancia para el tema tratado en el pliego.

INSTANTÁNEAS
¡Aquí encontrarás imágenes del mundo inca o retratos de quiénes estuvieron vinculados a él!

¡PREGUNTAS!
Esta sección presenta preguntas para reflexionar, pensar o conversar sobre el tema desarrollado.

¿Qué pasaba en el mundo entre los años 500 y 1600?

Para entender a los incas y su importancia en el mundo, es relevante saber qué estaba pasando durante el desarrollo de su imperio. Esta línea de tiempo, que cubre un poco más de 1000 años, destaca los hitos del Imperio inca y, en paralelo, los acontecimientos que marcaron el rumbo reciente de la humanidad (¡acuérdate de que los seres humanos hemos vivido durante cerca de 300 000 años en la Tierra!).

476. Abdica el emperador romano Rómulo Augústulo. Odoacro, comandante del ejército romano, se proclama rey de Italia. Con esto, acaba el Imperio romano y se inicia la Edad Media.

632 (8 de junio). Muere Mahoma, fundador del islam. Su labor y la de sus seguidores expandió el islam en Medio Oriente y el norte de África.

800 (Navidad). Carlomagno es coronado por el papa León III como "Imperator Augustus". Esto representa una reorganización política en Europa tras la caída del Imperio romano y legitimiza a la etnia germánica que ocupaba antiguos territorios romanos.

250-900. Periodo clásico de la civilización maya. Se desarrollan centros administrativos, grandes pirámides y monumentos, así como sistemas de escritura, y se da el perfeccionamiento de un calendario bastante preciso.

1095-1291. Desarrollo de las cruzadas, una serie de nueve campañas militares libradas por cristianos europeos contra los pueblos musulmanes para afirmar la cristiandad en Tierra Santa (Cercano Oriente).

ca. Siglo XI. El explorador vikingo Leif Erickson llega a las costas de Terranova (Canadá). Los asentamientos vikingos en el continente americano fueron efímeros.

1184. El Imperio germánico fundado por los sajones en el año 962 recibe el título de Sacro Imperio Romano.

1206. Gengis Kan unifica las tribus mongólicas e inicia el proceso de expansión imperial. Hacia 1276, el Imperio mongol alcanza su máxima extensión, ocupando regiones en China, Mesopotamia, Persia, Europa oriental, el norte de la India, el sur de Rusia, entre otras.

1209. Francisco de Asís funda la Orden de Frailes Menores (franciscanos) en Italia. En 1215, Domingo de Guzmán funda la Orden de Predicadores (dominicos) en Tolosa.

1271. Inicio de los viajes de Marco Polo por la Ruta de la Seda (atravesando Asia hasta llegar a China).

1300-1400. La peste bubónica o peste negra ataca Europa. Muere la tercera parte de la población de ese continente.

1304-1321. Dante Alighieri escribe su *Comedia* (posteriormente llamada *Divina comedia*), una de las grandes obras de la literatura universal.

1368. Bajo la dinastía Ming, se inicia la etapa más importante de construcción de la Muralla China (había comenzado a construirse en el siglo V).

1405 y 1433. El almirante Zheng He, al servicio del emperador chino Yongle (dinastía Ming), recorre el océano Índico hasta llegar a las costas africanas. El Estado más poderoso de aquel entonces emprendió así una serie de viajes marítimos con el fin de recaudar tributos y establecer rutas comerciales.

1415. El reino de Portugal captura Ceuta (en el norte de África). Este sería el primer paso para su expansión hacia Madeira, las Azores y distintos puntos de la costa africana. Así, se inician las grandes exploraciones marítimas europeas y se establece el comercio de oro y de esclavos con los reinos africanos.

1428. Los mexicas, como se llamaban los aztecas a sí mismos, establecen la Triple Alianza con los acolhuas de Texcoco y los tepanecas de Tlacopán. En menos de un siglo, establecen su dominio sobre tres centenares de ciudades-Estado en el valle de México y sus alrededores.

ca. 1450. Johannes Gutenberg inventa la prensa de imprenta moderna con tipos móviles.

1453. La invasión de Constantinopla por parte de los ejércitos turcos otomanos pone fin al Imperio bizantino (o Imperio romano de Oriente) y supone el fortalecimiento del islam en esta región del continente europeo.

1492. Conquista del emirato de Granada (último Estado musulmán en la península ibérica) por los ejércitos de los gobernantes cristianos peninsulares.

1492. Cristóbal Colón llega a San Salvador y descubre América para los europeos. Para lograrlo, convenció a los Reyes Católicos (Isabel de Castilla y Fernando de Aragón) de la viabilidad de su proyecto y recibió de ellos financiamiento para iniciar una expedición marítima hacia el oeste, que tenía como objetivo encontrar una nueva ruta hacia el continente asiático. [Ver páginas 48 y 49]

1493. El papa Alejandro VI, mediante las Bulas Alejandrinas, otorga a la Corona española el derecho a conquistar los territorios del Nuevo Mundo a cambio de que esta asuma como obligación la evangelización de la población de los territorios conquistados.

1000 d. C. · **1300 d. C.** · **1400 d. C.**

500 d. C. · **1200 d. C.** · **1400 d. C.**

500-1100. Los tiwanakus emplean sofisticadas técnicas agrícolas en el Altiplano. [Ver páginas 14 y 15]

600-900. El Estado wari se convierte en el primer gran imperio de los Andes. [Ver páginas 14 y 15]

ca. 800. Los waris, de Ayacucho, se instalan en la región de Paruro (Cuzco) y construyen el centro administrativo de Piquillacta.

800-1000. Los reinos Chimú y Lambayeque inician su desarrollo en la costa norte.

ca. 1000. Abandono de Piquillacta.

ca. 1100. Comunidades como los antas, los ayarmacas, los pinaguas y los cuzcos (incas), se desarrollan de manera independiente en el valle del Cuzco y sus alrededores. Los incas, asentados en el piso del valle, empezaron a formar alianzas estratégicas con otras comunidades, lo que les permitió crecer y consolidarse. Lograron avances militares superiores a los de sus vecinos. [Ver páginas 16 y 17]

1200. Se inicia el dominio inca en el Cuzco y su expansión territorial, obtenida mediante alianzas (impuestas o voluntarias) con los curacas de otras etnias. Ello suponía acceso a mano de obra y, con ello, la posibilidad de lograr más terrenos productivos. [Ver páginas 16 y 17]

1250-1440. La comunidad de los chancas se desarrolla en la sierra central.

1300-1400. El Estado inca se reorganiza durante los gobiernos de Cápac Yupanqui, Inca Roca y Yáhuar Huácac.

ca. 1430-1450. La civilización inca comienza su expansión imperial con Pachacútec, quien organiza y consolida el Estado. [Ver página 20]

1440-1470. Se inician importantes construcciones en el Tahuantinsuyo, como Sacsayhuamán, el Coricancha y Machu Picchu. [Ver páginas 40 y 41, 44 y 45, 46 y 47]

1524. Muere el inca Huayna Cápac, aparentemente a causa de enfermedades que llegaron con los españoles. [Ver páginas 20 y 21, 50 y 51]

1524-1532. Huáscar y Atahualpa se enfrentan por el gobierno del Imperio inca. [Ver páginas 20 y 21, 50 y 51]

¿En qué momento de la historia nació el Imperio inca? ¿Cómo encaja dentro del desarrollo de la humanidad?

Siglos XV-XVI. Periodo del Renacimiento, movimiento cultural (artístico, filosófico y científico) caracterizado por el resurgimiento de la cultura clásica griega y romana, la difusión de las ideas humanistas y una renovada aproximación al conocimiento.

1513. Una expedición liderada por Vasco Núñez de Balboa atraviesa el istmo de Panamá y llega a las orillas del océano Pacífico. Esto abre la posibilidad de establecer nuevas rutas de exploración hacia el sur del continente y, con ello, la eventualidad de llegar a lo que más adelante se conocería como el Perú. Francisco Pizarro participó en esta expedición. [Ver páginas 48 y 49]

1517. Martín Lutero clava sus 95 tesis en la puerta de la iglesia del palacio de Wittenberg. Esto manifestaba su deseo de discutir sus cuestionamientos a la autoridad papal y las prácticas de la Iglesia católica. Las críticas de Lutero dieron inicio a la Reforma protestante que dividió a la Iglesia en Europa.

1519. Hernán Cortés llega a territorio azteca. Los españoles, recibidos con hospitalidad en Tenochtitlán, reciprocaron con la captura del emperador Moctezuma. La reacción de los mexicas los obligó a abandonar la ciudad con fuertes pérdidas, pero lograron reorganizarse, recibir refuerzos y aliarse con los tlaxcaltecas (enemigos de los aztecas). Después de meses de asedio, el 13 de agosto de 1521, los conquistadores y sus aliados entraron victoriosos en Tenochtitlán.

1519. Leonardo da Vinci concluye *La Gioconda*.

1522. La expedición Magallanes-Elcano realiza la primera circunnavegación de la Tierra.

1524. En Panamá, se asocian Francisco Pizarro, Diego de Almagro y Hernando de Luque (que representaba al rico licenciado Gaspar de Espinoza). Ese mismo año, Pizarro y Almagro parten en una primera expedición que daría lugar a la posterior conquista del Imperio inca. [Ver páginas 48 y 49]

1534. El rey Enrique VIII de Inglaterra se casa con su consorte, Ana Bolena, y rompe relaciones con la Iglesia católica, que le impide divorciarse de su primera esposa. Crea la Iglesia anglicana.

1534. El navegante y explorador francés Jacques Cartier llega a los territorios del extremo norte de América (golfo de Saint Laurent, Canadá). Se inicia la presencia francesa en Norteamérica.

1534. Se funda la Compañía de Jesús (orden jesuita). Fue aprobada por el papa Paulo III en 1540.

1542. El rey Carlos V promulga las *Leyes y ordenanzas nuevamente hechas por su Majestad para la gobernación de las Indias y buen tratamiento y conservación de los indios*.

1542. El explorador Francisco de Orellana emprende una expedición que resulta en el descubrimiento del río Amazonas.

1543. Nicolás Copérnico publica *De revolutionibus orbium coelestium*, obra en la que plantea que la Tierra no es el centro del universo, sino que gira alrededor del Sol.

1556. El emperador mogol Akbar el Grande asume el trono en la India y comienza a expandir su imperio.

1558. Llega al trono Isabel I, una de las reinas más importantes de la historia de Inglaterra.

1560. Terminan los enfrentamientos entre Francia y España. El rey español Felipe II se casa con la princesa francesa Isabel de Valois.

1563. Concluye el Concilio de Trento (Italia), cuyos mandatos tuvieron gran impacto en definir la respuesta católica (Contrarreforma) frente al avance del protestantismo.

1568. Se inicia la Guerra de los Ochenta Años, por la que las provincias de los Países Bajos buscaban su independencia de España.

1571. Musulmanes y cristianos se enfrentan en la batalla de Lepanto, en la que participa Miguel de Cervantes.

1588. La Armada Invencible (española) es derrotada por las fuerzas inglesas. La expedición había sido ordenada por el rey Felipe II como parte de su plan para invadir Inglaterra.

1590. El soberano Toyotomi Hideyoshi unifica la nación japonesa que, durante ese siglo, había iniciado su contacto cultural con Occidente gracias a la llegada de navegantes portugueses.

1603. Se publica *Hamlet*, del escritor inglés William Shakespeare, una de las grandes obras de la dramaturgia mundial.

1605. Se publica una de las obras más famosas de la literatura española: *El ingenioso hidalgo don Quijote de la Mancha*, de Miguel de Cervantes.

1607. Se establece la colonia de Virginia, el primer asentamiento permanente inglés en territorio norteamericano.

ca. 1609. Galileo Galilei inventa el primer microscopio simple.

1609. Se publica en España la obra *Los comentarios reales de los incas* de Garcilaso de la Vega. [Ver página 10]

RESTO DEL MUNDO

1500 d. C.

1500 d. C.

1600 d. C.

PERÚ

1500 d. C.

1500 d. C.

1531-1532. Una expedición encabezada por Francisco Pizarro desembarca en las costas peruanas y captura al inca Atahualpa en Cajamarca. [Ver páginas 48 y 49]

1533. Atahualpa es ejecutado por los conquistadores españoles. [Ver páginas 50 y 51]

1536. Manco Inca, sobrino de Atahualpa, se rebela contra los invasores y logra cercar el Cuzco. Tras su derrota, se refugia en Vilcabamba. [Ver páginas 52 y 53]

1542. Se establece el virreinato del Perú con capital en Lima, y rige sobre la mayor parte de los dominios españoles en América del Sur.

1551. Se funda en Lima la universidad de San Marcos, la primera de América.

1569. Llega al Perú el virrey Francisco de Toledo, quien establece el nuevo orden del sistema colonial. [Ver página 58]

1570. Se abre el Tribunal del Santo Oficio en la ciudad de Lima.

1572. Tras 40 años de resistencia indígena en Vilcabamba, el inca Túpac Amaru I es capturado y ejecutado. [Ver página 52]

1579. El corsario inglés Francis Drake asedia las costas del virreinato del Perú y asalta navíos anclados en el puerto del Callao.

1615. Felipe Guamán Poma de Ayala termina de escribir e ilustrar su *Nueva corónica y buen gobierno*, dirigida al rey de España. [Ver página 54]

¿Quiénes fueron los incas?

Los incas forjaron uno de los imperios más importantes del mundo antiguo. Lo llamaron Tahuantinsuyo, que significa "las cuatro filas reunidas", y en él vivieron por lo menos 6 millones de personas provenientes de distintas etnias y comunidades. Este enorme territorio estuvo conectado por una red de caminos de más de 30 000 kilómetros de largo. Sus gobernantes se consideraban hijos del dios Sol, quien —según la leyenda— mandó fundar el Cuzco como capital de su reino.

Pero ¿cuánto sabemos en realidad sobre los incas? En el Tahuantinsuyo no había cámaras de fotos, y los artistas del Imperio no hicieron retratos o esculturas de los incas, ni se dejaron textos sobre ellos. Por eso, no existe un registro detallado de cómo se veían. A inicios de la época republicana, en el Perú, el artista Marcos Chillitupa pintó sobre un biombo a los antiguos gobernantes, aun sin haberlos conocido.

Durante la Colonia, se escribieron las primeras crónicas basadas en la tradición oral andina. Hasta ese entonces, los incas habían preservado su historia a través de relatos que contaban los abuelos a sus nietos y los padres a sus hijos. Estos relatos fueron escritos por cronistas: soldados, sacerdotes o funcionarios de la Corona española que conocían poco el idioma y la cultura de los Andes. Al pasar de lo verbal a lo escrito, se crearon varias versiones de los mismos relatos y, en más de una ocasión, estos fueron tomados como hechos históricos.

Estas historias convirtieron a los gobernantes incas en versiones locales de los reyes y emperadores europeos. Así, comenzó a crearse una imagen de ellos que ha ido cambiando a lo largo del tiempo, cautivando a investigadores y exploradores de todas las edades en todo el mundo.

Y tú, ¿cómo te los imaginas?

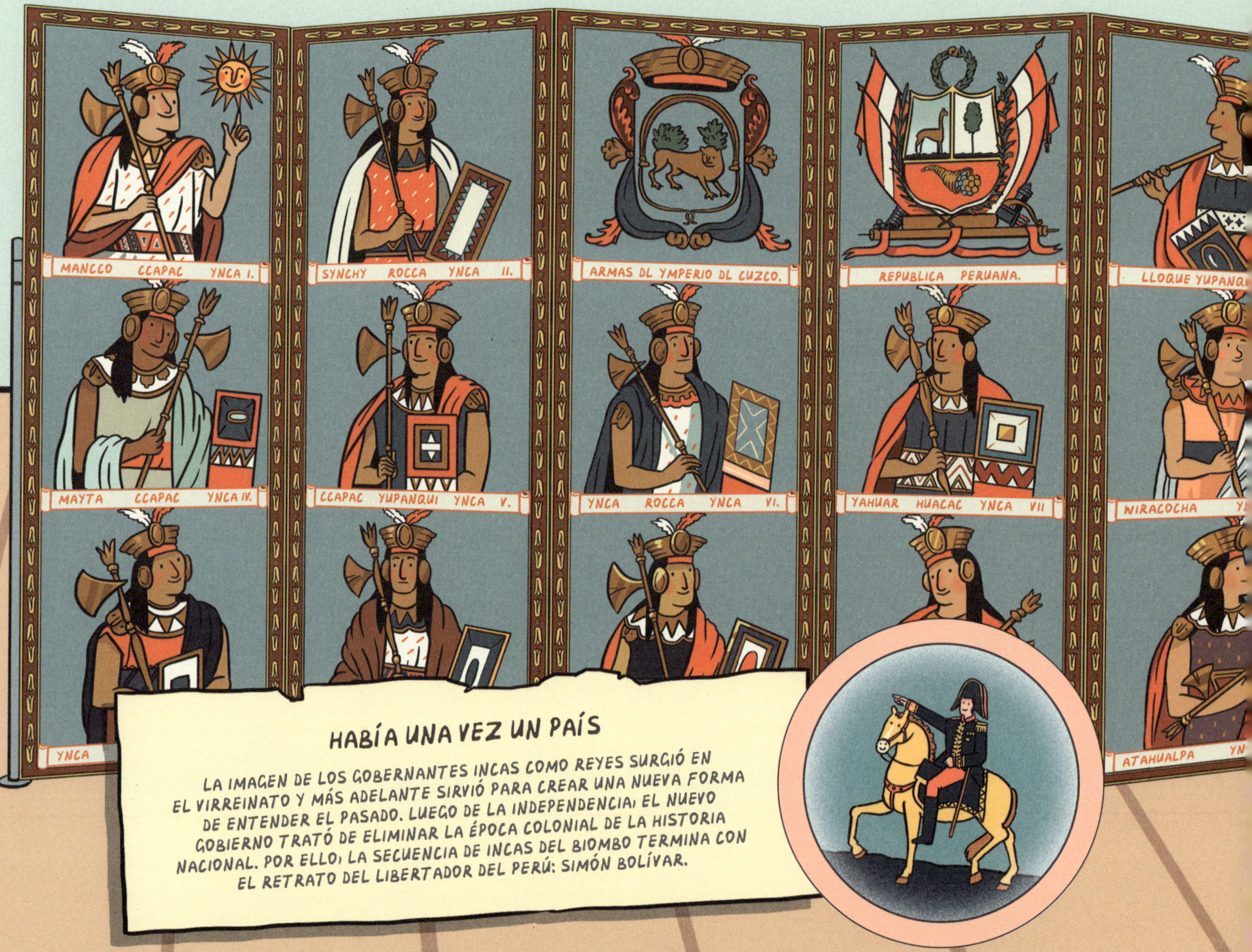

HABÍA UNA VEZ UN PAÍS

LA IMAGEN DE LOS GOBERNANTES INCAS COMO REYES SURGIÓ EN EL VIRREINATO Y MÁS ADELANTE SIRVIÓ PARA CREAR UNA NUEVA FORMA DE ENTENDER EL PASADO. LUEGO DE LA INDEPENDENCIA, EL NUEVO GOBIERNO TRATÓ DE ELIMINAR LA ÉPOCA COLONIAL DE LA HISTORIA NACIONAL. POR ELLO, LA SECUENCIA DE INCAS DEL BIOMBO TERMINA CON EL RETRATO DEL LIBERTADOR DEL PERÚ: SIMÓN BOLÍVAR.

* Ilustración basada en *Genealogía de los incas*, 1837. Marcos Chillitupa Chávez. Colección Museo de Arte de Lima.

HIJA DEL SOL
De los 18 recuadros del biombo pintado por Chillitupa, 14 corresponden a los gobernantes del Tahuantinsuyo, según la información proporcionada por varios cronistas. La única mujer que aparece entre ellos es Mama Ocllo, coya o esposa principal de Manco Cápac, el primer gobernante inca. Juntos, fundaron la cultura inca, según la leyenda que lleva sus nombres.
[Ver páginas 10 y 11]

* Ilustración basada en *La Santusa*, 1928. José Sabogal. Colección Museo de Arte de Lima.
* Ilustración basada en *Los funerales de Atahualpa*, 1867. Luis Montero. Pinacoteca Municipal Ignacio Merino, Municipalidad Metropolitana de Lima, en custodia del Museo de Arte de Lima.

Ynca Garcilasso de la Vega

INCA GARCILASO DE LA VEGA

ESCRIBIÓ LOS COMENTARIOS REALES DE LOS INCAS: TEXTOS EN LOS QUE CUENTA LA HISTORIA DEL TAHUANTINSUYO.

NACIÓ EN EL CUZCO EL 12 DE ABRIL DE 1539.

FUE HIJO DE LA PRINCESA ISABEL CHIMPU OCLLO —QUIEN ERA NIETA DEL INCA TÚPAC YUPANQUI Y SOBRINA DEL INCA HUAYNA CÁPAC— Y DEL CAPITÁN ESPAÑOL SEBASTIÁN GARCILASO DE LA VEGA.

AL AÑADIR LA PALABRA "INCA" A SU FIRMA, MOSTRABA CON ORGULLO SUS DOS HERENCIAS CULTURALES.

NI TAN BÁRBAROS
En la versión de Garcilaso, los pueblos anteriores al Tahuantinsuyo aparecen como bárbaros y salvajes en comparación con la civilización inca. En realidad, los incas tuvieron que competir por el dominio de la región con varios grupos con un nivel de desarrollo similar al de ellos, como los collas, de la cuenca del lago Titicaca, y los chancas, que ocupaban la actual zona de Andahuaylas.

El mito de Manco Cápac y Mama Ocllo

Toda civilización tiene un cuento que explica cómo esta empezó. En el caso de los incas, hay dos grandes mitos o leyendas, y uno de ellos es la historia de Manco Cápac y Mama Ocllo. El cronista Garcilaso de la Vega, quien era hijo de una princesa inca y un conquistador español, cuenta que, cuando era niño, escuchó a sus tíos maternos narrar la historia del gran imperio de sus antepasados: el Tahuantinsuyo. Un día, se acercó al más anciano de ellos y le preguntó: "Tío, ¿quién fue el primero de nuestros incas?, ¿de dónde venía?". Entonces, escuchó el siguiente relato:

> Del lago Titicaca salieron Manco Cápac y Mama Ocllo, hijos del dios Sol, quien los envió a la tierra con una misión: organizar a su pueblo y hacerlo prosperar. Les dio una vara de oro y el encargo de caminar hacia el norte, hincando el suelo con ella cada cierto tiempo. Allí donde esta se hundiera, debían quedarse y fundar su imperio.

Cuando llegaron al cerro Huanacaure, en el Cuzco, la vara atravesó la tierra al primer toque, tan fácilmente que no la vieron más. Manco Cápac y Mama Ocllo decidieron asentarse allí y construyeron un templo en honor al Sol. Al ver esto, las personas que vivían en el valle del Cuzco quisieron unirse a ellos y los empezaron a ver como líderes. A cambio, la pareja les enseñó a sembrar y cultivar la tierra, a hilar y tejer para fabricar ropa y zapatos, a construir casas y acequias, y todo lo que debían saber para vivir mejor.

Este mito, escrito por Garcilaso y publicado en 1609, se convirtió en uno de los más populares. Pero existen otras versiones sobre el origen de los incas. Las más antiguas son historias míticas como esta, recogidas por los cronistas españoles durante la Colonia. Las más modernas son posibles explicaciones de historiadores y arqueólogos, que hasta hoy se preguntan quiénes fueron los primeros incas y cómo llegaron al Cuzco.

¿POR QUÉ LOS PUEBLOS ANTIGUOS TIENEN MITOS?

A lo largo de la historia, la mayoría de los grupos humanos han creado relatos (mitos y leyendas) que explican los orígenes del mundo y muchas de las cosas que en él ocurren, especialmente aquellas situaciones que escapan al entendimiento y el sentido común. A través de personajes como dioses, héroes y criaturas con poderes sobrenaturales, las sociedades imaginan cómo se creó el mundo y cuál fue el origen de la humanidad o el de su pueblo. Aunque los mitos y leyendas no narran hechos históricos, reflejan la forma de pensar de quienes los crean.

MITOS DE FUNDACIÓN
Los incas crearon relatos con eventos fantásticos y héroes ancestrales, como Manco Cápac y Mama Ocllo, para explicar sus orígenes y extender su influencia en los Andes. Estas historias reforzaron la idea de que sus gobernantes eran hijos del Sol y, por ello, superiores a otros jefes de la región.

EL LAGO TITICACA FUE UN LUGAR SAGRADO PARA LOS INCAS, DONDE CONSTRUYERON TEMPLOS Y ESTRUCTURAS RITUALES EN LAS ISLAS DEL SOL Y DE LA LUNA

LAGO TITICACA
UBICACIÓN: PERÚ Y BOLIVIA
ANTIGÜEDAD: 3 MILLONES DE AÑOS
PROFUNDIDAD: 180 METROS

RÉCORDS:
LAGO NAVEGABLE MÁS ALTO DEL MUNDO (3810 M S. N. M.)
LAGO DE AGUA DULCE MÁS GRANDE DE SUDAMÉRICA (8300 KM²)

56 % DEL LAGO TITICACA ESTÁ EN EL PERÚ Y 44 % EN BOLIVIA

El mito de los hermanos Ayar

El otro gran mito sobre cómo nació el Imperio inca es el de los hermanos Ayar. Existen varias versiones de un relato que cuenta el viaje de cuatro hermanos y sus esposas a través de los Andes. La que te contaremos aquí fue escrita por Juan de Betanzos poco después de la conquista del Tahuantinsuyo. Betanzos fue un soldado español que vivió mucho tiempo en el Cuzco, aprendió el quechua tan bien que se hizo intérprete, y se casó con una noble inca llamada Angelina Yupanqui. De seguro fueron ella y sus parientes quienes le contaron esta fantástica historia:

Cuenta la leyenda que, a siete leguas del Cuzco, se abrió en la tierra una cueva tan estrecha que solo se podía entrar o salir de ella gateando. Se llamaba Pacaritambo, que significa "casa de la producción". Ese día, cuatro parejas nacieron de ahí por obra de Wiracocha, creador del universo. Primero, aparecieron Ayar Cachi y Mama Huaco. Tras ellos, Ayar Uchu y Mama Cora, seguidos de Ayar Auca y Mama Ragua. Por último, salieron Ayar Manco y Mama Ocllo. Los ocho vestían ropa de lana muy fina, con adornos y bordados de oro. Los hombres iban armados con lanzas de oro y hondas. Las mujeres llevaban ollas, cántaros pequeños, platos y vasos, todos de oro.

Llegaron caminando al cerro Huanacaure. Desde la cumbre, Ayar Cachi lanzó unas piedras con su honda, con tanta fuerza que los cerros se partieron. Al ver esto, los otros hermanos tuvieron miedo y decidieron encerrarlo en Pacaritambo, a donde lo llevaron de regreso con engaños. Ni bien entró Ayar Cachi a la cueva, los demás cubrieron la entrada con una gran piedra.

Los siete que quedaban decidieron avanzar hacia el Cuzco, pero antes Ayar Uchu tomó la forma de un ave y voló al cielo para hablar con su padre, el Sol. Regresó con el encargo de cambiar el nombre de Ayar Manco por Manco Cápac y se quedó en Huanacaure convertido en un ídolo de piedra. Ayar Auca y Manco Cápac siguieron avanzando, pero en el camino Ayar Auca fue convertido en piedra. Entonces, solo quedaron Manco Cápac y las cuatro mujeres, quienes finalmente llegaron al Cuzco, donde se encontraron con un grupo de personas que vivían en casas rústicas. Al verlos tan bien vestidos y adornados, el jefe del grupo supo que eran hijos del Sol y los invitó a quedarse donde quisieran. Fue así como los primeros incas se establecieron en el valle, donde sembraron maíz y construyeron su casa.

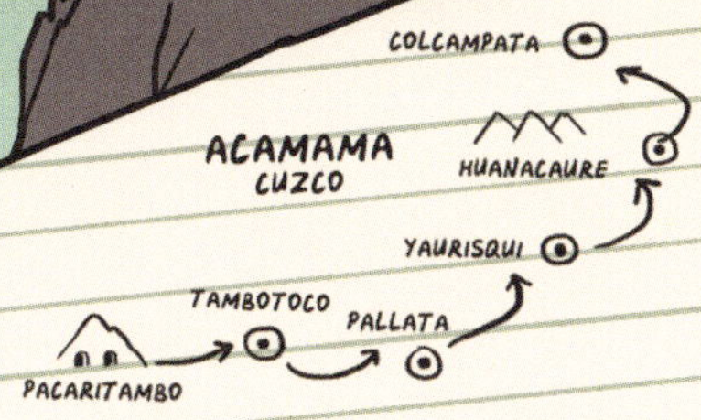

1 LEGUA = 1 HORA DE CAMINO

¿SABÍAS QUE LA LEGUA ES UNA ANTIGUA MANERA DE MEDIR LA DISTANCIA RECORRIDA A PIE O A CABALLO? UNA LEGUA EQUIVALE A UNA HORA DE CAMINO. POR ELLO, SU LONGITUD VARÍA EN CADA PAÍS O REGIÓN Y VA DE LOS 4 A LOS 7 KILÓMETROS.

PODEROSA MAMA HUACO

CUENTA BETANZOS QUE MAMA HUACO, LA ESPOSA DE AYAR CACHI, ERA TAN FEROZ QUE ASUSTÓ A LOS LUGAREÑOS DE UN PEQUEÑO PUEBLO Y LOS HIZO CORRER DESPAVORIDOS. EN OTRAS VERSIONES DE ESTE RELATO, APARECE COMO CAPITANA DE SU PROPIO EJÉRCITO, TEMIDA GUERRERA Y PODEROSA HECHICERA.

LUGARES FANTÁSTICOS

EN LOS RELATOS SOBRE EL ORIGEN DE LOS INCAS, SE MENCIONAN ALGUNOS LUGARES QUE PODEMOS VISITAR ACTUALMENTE EN LA REGIÓN DEL CUZCO, COMO MAUCALLACTA. A PESAR DE ELLO, LOS INVESTIGADORES NO HAN PODIDO COMPROBAR QUE ESTAS NARRACIONES SEAN HECHOS HISTÓRICOS O QUE LOS PERSONAJES QUE APARECEN EN ELLAS HAYAN EXISTIDO REALMENTE.

MAUCALLACTA

Los primeros incas

Entremos ahora a la historia en sí, de qué pasó realmente y cómo pasó. Algunos siglos después de la desaparición de dos grandes Estados —Wari en Ayacucho y Tiwanaku cerca del lago Titicaca—, los incas se convirtieron en la principal civilización de la región central andina. Los tiwanakus desarrollaron varias técnicas para mejorar sus cultivos, que producían abundantes alimentos a pesar del clima seco y frío del Altiplano, con sequías y heladas. Los waris fueron excelentes administradores, y para ello desarrollaron un famoso sistema de cuerdas y nudos que también fue usado por los incas: los quipus. Los waris ocuparon un amplio territorio y construyeron centros urbanos y administrativos. Uno de los más conocidos es Piquillacta, que puedes visitar en el valle del Cuzco.

Estos reinos dominaron gran parte de los Andes durante más de 400 años, hasta que ambos llegaron a su fin alrededor del año 1000. Por aquel entonces, varios pueblos de agricultores y pastores vivían en la región del Cuzco. Algunos habitaban en las cimas de los cerros, donde podían defenderse de cualquiera que quisiera atacarlos. Otros, como los incas, empezaron a poblar las zonas del fondo del valle, un área estratégica para cultivar la tierra y producir más y mejores cosechas. Así, lograron almacenar comida suficiente no solo para alimentar a su comunidad, sino también a otros pueblos que se unían a ellos. Con esta estrategia, el gran poblado inca comenzó a crecer poco a poco, hasta convertirse en el más grande de la región.

Los investigadores pueden imaginar cómo era la vida de los incas mediante el estudio de los objetos que producían y utilizaban. Se han encontrado grandes cantidades de cerámica de un estilo llamado killke debajo de importantes construcciones del Imperio, como Sacsayhuamán y el Coricancha, y también en el centro de la ciudad del Cuzco. Al analizar estos restos, se descubrió que la formación del Estado inca comenzó en este periodo, mucho antes de lo que pensaban los españoles que escribieron las primeras crónicas.

Ceramistas a tiempo completo

Según los arqueólogos, la cantidad de cerámica killke encontrada en la región del Cuzco revela que existía una producción artesanal grande y organizada. Esto significa que ya había ceramistas expertos dedicados exclusivamente a esta labor en el tiempo de los primeros incas.

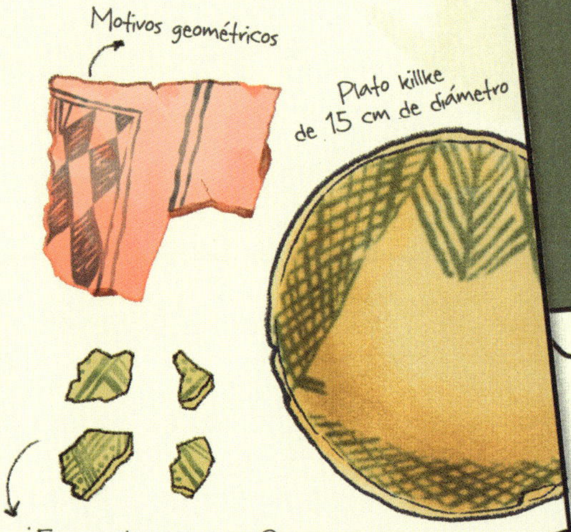

AYACUCHO

CIUDAD DE HUARI
Este centro administrativo estuvo rodeado por murallas, dentro de las cuales había barrios con casas, palacios, patios y templos en forma de "D".

CUZCO

PIQUILLACTA
Su diseño en cuadrícula fue reproducido en varios asentamientos waris a lo largo de la sierra. En quechua, *piki* significa "pulga" y *llacta*, "ciudad"; es decir, ¡Piquillacta es la "ciudad de las pulgas"!

LIMA

PACHACÁMAC
Este prestigioso centro religioso fue asimilado por los waris alrededor del año 600, y lo utilizaron como cementerio para grupos importantes. Fue ocupado por los incas hacia finales del siglo XV.

UN GRAN ESTADO ANTES DE LOS INCAS

EN LA SIERRA DE AYACUCHO, HACE MÁS DE 1500 AÑOS, SURGIERON LOS WARIS: UN GRAN ESTADO QUE SE EXTENDIÓ HASTA CAJAMARCA POR EL NORTE

Y HASTA MOQUEGUA POR EL SUR. SU POBLACIÓN SE CONCENTRÓ EN ASENTAMIENTOS BIEN PLANIFICADOS Y CON UN ESTILO PROPIO.

CAMINOS ANCESTRALES
Es probable que algunos de los caminos construidos por los waris hayan servido de base para implementar el Camino Inca o Qhapaq Ñan.

EL QUECHUA EN CIFRAS

ACTUALMENTE, 7 MILLONES DE PERSONAS HABLAN QUECHUA EN CINCO PAÍSES DE AMÉRICA DEL SUR: COLOMBIA, ECUADOR, PERÚ, BOLIVIA Y ARGENTINA. EN EL PERÚ HAY CASI 4 MILLONES DE QUECHUAHABLANTES.

QUILLISCACHIS

Vivieron en sitios fortificados como el de Huata, construido sobre la cima de una montaña y rodeado por un gran muro. Gracias a su ubicación, los quilliscachis lograron mantener su independencia durante muchos años.

AYARMACAS

Fue uno de los pueblos más grandes y poderosos. Al igual que sus vecinos, los antas, prefirieron establecer alianzas con los incas antes que hacerles la guerra. Mama Chicya, esposa del inca Yáhuar Huácac, era hija de un ayarmaca.

Antes del Tahuantinsuyo

La formación del Tahuantinsuyo fue un proceso largo que comenzó varios siglos antes de 1400, cuando las comunidades que habitaban el valle y sus alrededores decidieron unirse voluntariamente o rendirse ante la presencia de los primeros incas. A medida que la población crecía, los distintos pueblos comenzaron a competir entre sí por los recursos y por el territorio. Los primeros incas asentados en el valle lograron agrupar bajo su dominio a muchas comunidades, pero los vecinos más fuertes les ofrecieron resistencia o se mudaron a lugares alejados donde podían defenderse con facilidad.

Los primeros grupos que se unieron a los incas comenzaron a identificarse con ellos y asimilaron también su cultura. Entre ellos estaban los antas, los ayarmacas y los huayllacanes, quienes solucionaron sus conflictos con el joven Estado incaico al unir a sus familias en matrimonios arreglados. Hacia el año 1300, se había formado un importante centro cultural que integraba a más de 12 comunidades andinas. Los incas iniciaron entonces la construcción de una gran ciudad capital, en el Cuzco, donde empezó a surgir su propio estilo arquitectónico.

Sin embargo, en la cuenca del río Lucre, los pinaguas y los muynas continuaron siendo rivales de los incas durante mucho tiempo. El resultado final de estos conflictos, matrimonios y alianzas fue la creación de un Estado sólido en toda la región, que integró diversos grupos étnicos para crear una sola fuerza capaz de convertirse en el imperio más grande de América.

LENGUAS COMO CANCHA

¿SABÍAS QUE EL QUECHUA YA EXISTÍA EN LOS ANDES MUCHO ANTES DE LOS INCAS? GRACIAS A ÉL, LOS DISTINTOS GRUPOS ÉTNICOS DE LA REGIÓN PODÍAN COMUNICARSE ENTRE SÍ: AUNQUE CADA UNO HABLABA SU PROPIA LENGUA, TODOS TENÍAN EN COMÚN EL QUECHUA, QUE LLEGÓ AL CUZCO VARIOS SIGLOS ANTES CON LOS WARIS DE AYACUCHO.

PINAGUAS Y MUYNAS

Dos grupos distintos, pero estrechamente relacionados. Dieron bastante pelea a los incas y fueron de los últimos en incorporarse al Imperio. Los pinaguas ocuparon el sitio de Choquepuquio.

HUAYLLACANES

Este grupo quedó bajo el control de los incas mucho antes de la expansión del Tahuantinsuyo. Al principio, establecieron alianzas mediante matrimonios, pero luego fueron dominados militarmente.

CUYOS

En algunas crónicas, se cuenta que los incas invadieron a los cuyos luego de que su gobernante se negara a enviar al Cuzco aves exóticas de las tierras bajas de la selva.

MASCAS Y TAMBOS

Habitaban en la región sur del valle del Cuzco. Fueron de los primeros en unirse a los incas, pues eran comunidades pequeñas.

La formación del Tahuantinsuyo

¿Formaron los incas un imperio? ¿Sus gobernantes eran reyes andinos? "Imperio", "reyes", "corte" y "nobleza" son términos que los españoles trajeron a los Andes en 1532. Fueron los cronistas europeos quienes utilizaron estas y otras palabras para escribir las primeras historias sobre este pueblo.

En los primeros años del Tahuantinsuyo, el poder y la influencia de los incas fueron creciendo poco a poco. En un inicio, evitaron enfrentarse a otros grupos étnicos en la región del Cuzco y apostaron por administrar y mejorar su propia economía. Pero, a medida que se iban volviendo más fuertes, las comunidades vecinas buscaron aliarse con ellos para defenderse así de sus rivales. Unirse a los incas significaba adoptar el culto al Sol, reconocer la autoridad del gobernante inca por encima de la de los curacas o señores locales, pagar impuestos y utilizar el idioma quechua.

Aquellos grupos que no se sumaron voluntariamente, fueron invitados a formar parte del joven Estado a cambio de regalos lujosos, como finos uncus (camisas), queros y *aquillas* (vasos de madera y plata); pero si no aceptaban, eran sometidos por la fuerza. Se formó así una confederación de etnias quechuas con un ejército numeroso, que los incas llevaron a través de los Andes en campañas militares cada vez más agresivas. Para el año 1500, el Tahuantinsuyo era una gran comunidad de pueblos asentados en todos los Andes, desde las costas del Pacífico hasta la ceja de selva amazónica, en territorios que hoy son parte de Perú, Colombia, Ecuador, Bolivia, Chile y Argentina.

REGISTRO Y CONTABILIDAD
Utilizaron quipus, un sistema de cuerdas y nudos, para llevar un registro, entre otras cosas, de la población, las cosechas y los rebaños. El *quipucamayoc* era el especialista a cargo de esta tarea.

CULTO AL DIOS SOL
Los incas difundieron el culto solar y lo convirtieron en la religión oficial del Estado. Crearon un calendario de rituales y ofrendas, y construyeron templos tanto en el Cuzco como en los territorios conquistados. Los templos más importantes dedicados a esta divinidad estuvieron en el Cuzco (Coricancha), en la isla del Sol en el lago Titicaca, y en Pachacámac (Lima).

RED DE CAMINOS
Conocida como Qhapaq Ñan, fue diseñada y construida para comunicar a las diferentes regiones del Imperio. De norte a sur, y de este a oeste, llegó a extenderse por más de 30 000 kilómetros. Tenía estaciones de descanso, llamadas "tambos", para los soldados y mensajeros que la recorrían.

MATRIMONIOS PACTADOS
Las mujeres de la élite fueron lideresas importantes en sus comunidades. Sus matrimonios con gobernantes incas aumentaron su poder en el Imperio y, además, favorecieron las buenas relaciones entre los incas y grupos menos poderosos.

REGALOS LUJOSOS
Intercambiaron objetos preciados como estrategia para negociar con los curacas o señores de distintos pueblos. Las encargadas de tejer finas telas entregadas como obsequio fueron las mamaconas, que eran las profesoras de las *aclaconas*, mujeres y niñas seleccionadas para vivir en los *acllahuasis*, que en quechua significa "la casa de las elegidas".

FUERZA MILITAR
Formaron un poderoso ejército en el que reclutaron a guerreros de todos los pueblos que se adherían al nuevo régimen.

¿QUÉ SIGNIFICABA LA PALABRA "INCA"?

ANTES DE LA LLEGADA DE LOS ESPAÑOLES, EL TÉRMINO "INCA" NO DEFINÍA UN GRUPO ÉTNICO NI UNA NOBLEZA, SINO A UN CONJUNTO DE PERSONAS PROVENIENTES DE DIVERSOS PUEBLOS Y REUNIDOS EN UNA SOLA FUERZA MILITAR: EL EJÉRCITO CONQUISTADOR INCAICO.

LAS PERSONAS MÁS IMPORTANTES PROCEDÍAN DEL GRUPO LLAMADO "LOS CUZCOS", PERO EL TAHUANTINSUYO NO NACIÓ COMO UNA MONARQUÍA ENCABEZADA POR UN REY, SINO AL REVÉS. FUE UNA SOCIEDAD GUERRERA, BIEN ORGANIZADA, QUE RECONOCÍA LA MÁXIMA AUTORIDAD DE UN SAPA INCA O "INCA SIN IGUAL", QUIEN CONCENTRABA EN SÍ MISMO EL PODER Y LAS OBLIGACIONES DE TODOS LOS MIEMBROS DE SU COMUNIDAD.

Grandes gobernantes

¿Quiénes fueron los grandes gobernantes incas? Cuentan los cronistas que Pachacútec organizó el Estado inca y expandió sus dominios desde Manta en Ecuador hasta Sucre en Bolivia, convirtiéndolo en un gran imperio. Túpac Yupanqui fue un hábil guerrero y explorador, ¡hay quienes creen que llegó por mar hasta la Polinesia! Huayna Cápac era un gran estratega y luchó por mantener las buenas relaciones con los pueblos conquistados. Sus hijos, Huáscar y Atahualpa, se enfrentaron por el poder y ocasionaron una guerra interna que debilitó al Estado incaico. Aunque Atahualpa venció a su hermano, su derrota frente a los españoles marcó el inicio del fin del Tahuantinsuyo.

A diferencia de lo que sucedía en Europa, los gobernantes incas no heredaban el poder de manera automática, sino que eran elegidos entre diversos candidatos varones. Estos debían cumplir con ciertos requisitos: pertenecer a la nobleza cuzqueña, tener habilidad para gobernar, ser capaces de forjar y mantener buenas relaciones con otros pueblos y, sobre todo, tener "el favor de los dioses" para la guerra y para administrar los recursos.

Los sacerdotes anunciaban quiénes eran los candidatos más indicados. Los miembros de las panacas —las familias nobles descendientes de los antiguos gobernantes— aceptaban a uno de los propuestos. En esta elección, el matrimonio con la coya era importante, y la unión se celebraba al mismo tiempo que el gobernante inca era nombrado oficialmente. Desde ese momento, se convertía en una divinidad capaz de resolver cualquier conflicto.

Estos cinco gobernantes incas pasaron a la historia como los más famosos del Imperio. Las crónicas les atribuyen el periodo de mayor expansión y poder, que comienza con Pachacútec, unos cien años antes de la invasión española.

PACHACÚTEC

El organizador

Cuzco, 1403-1471

Ordenó el territorio en cuatro regiones o suyos.

Empezó a construir una gran red de caminos o Qhapaq Ñan.

Remodeló la ciudad del Cuzco.

Impuso el culto al dios Sol y difundió el uso del quechua cuzqueño.

Construyó varios edificios importantes, entre ellos el Coricancha.

Construyó andenes para ampliar la cantidad de tierras cultivadas.

LAS CONQUISTAS INCAICAS

CUANDO LOS INCAS COMENZARON A EXTENDER SU DOMINIO, ERAN UNO DE MUCHOS PUEBLOS QUE LUCHABAN POR EL PODER EN LA SIERRA SUR DEL PERÚ. EN APENAS DOS GENERACIONES, AMPLIARON SU EJÉRCITO HASTA DOMINAR LA TOTALIDAD DE LOS ANDES, DESDE EL SUR DE COLOMBIA HASTA LA ZONA CENTRAL DE CHILE.

POR SIEMPRE INCA

TRAS LA MUERTE DE LOS GOBERNANTES, SUS CUERPOS ERAN PRESERVADOS Y SUS MOMIAS ERAN TRATADAS COMO SI ESTUVIERAN VIVAS. TENÍAN SIRVIENTES PARA ATENDER SUS NECESIDADES Y ERAN LLEVADAS EN PROCESIÓN EN GRANDES CELEBRACIONES. ¡HASTA PARTICIPABAN EN BANQUETES Y HACÍAN VISITAS A OTROS TERRITORIOS!

TÚPAC YUPANQUI

El conquistador

Cuzco, 1440-1493

Lideró ocho campañas de conquista victoriosas que permitieron al Imperio alcanzar su mayor extensión.

Extendió los límites del territorio hasta Quito por el norte y el río Maule por el sur.

Tras conquistar a los chimús, volvió al Cuzco con grandes riquezas y expertos artesanos.

Realizó el primer censo de la población inca.

Construyó la fortaleza de Sacsayhuamán.

HUAYNA CÁPAC

El estratega

Tomebamba, 1464
Quito, 1528

Fundó la ciudad de Cochabamba.

Enfrentó varias rebeliones a lo largo del Imperio y logró contenerlas.

Fue un político hábil y mantuvo la unidad del Tahuantinsuyo hasta el fin de sus días.

Falleció de viruela o sarampión, enfermedad que llegó a América con los españoles.

HUÁSCAR

El inexperto

Cuzco, 1503
Ancash, 1533

Los primeros años de su reinado fueron felices, hasta que se enemistó con su hermano Atahualpa y se declararon la guerra.

Su falta de experiencia le costó perder el apoyo de la nobleza cuzqueña.

Tras varios enfrentamientos, fue derrotado y capturado.

Murió ahogado en el río Ayarmaca (hoy Yanamayo) por órdenes de Atahualpa.

ATAHUALPA

El último Inca

Cuzco, 1498
Cajamarca, 1533

Se enfrentó a su hermano con menos hombres y recursos. Aun así, logró vencerlo.

Recibió noticias de la llegada de los españoles a las costas del Imperio.

Ofreció guías y provisiones a los hombres de Pizarro, sin imaginar lo que ocurriría después.

Tras la muerte de Huáscar, fue reconocido como gobernante por la nobleza cuzqueña.

SI GOBERNARAS EL TAHUANTINSUYO...

VESTIRÍAS SIEMPRE LAS TELAS MÁS FINAS Y PORTARÍAS SOBRE TU CABEZA LA MASCAYPACHA, UN CORDÓN TEJIDO CON HILOS DE ORO Y PLUMAS DE COREQUENQUE QUE SE COLOCABA EN EL TOCADO DEL GOBERNANTE INCA Y ERA SÍMBOLO DE SU PODER. UN GRUPO DE MÚSICOS, DANZANTES Y SOLDADOS TE ACOMPAÑARÍAN AL DESPLAZARTE, Y A DONDE FUERAS TE LLEVARÍAN SOBRE UNA LITERA. TUS PIES NO PODRÍAN TOCAR EL SUELO, PUES SE CREÍA QUE SI LA ENORME FUERZA DIVINA DEL INCA ENTRABA EN CONTACTO CON LA TIERRA, PODÍA PRODUCIR CATÁSTROFES.

NUDOS QUE CUENTAN DEL 1 AL 9

UNA CUERDA SIN NUDOS IDENTIFICABA AL NÚMERO CERO. EL NÚMERO 1 SE REGISTRABA CON UN NUDO EN FORMA DE 8. LOS NÚMEROS DEL 2 AL 9 SE REPRESENTABAN CON NUDOS LARGOS EN LOS QUE EL NÚMERO DE VUELTAS INDICABA LA CIFRA.

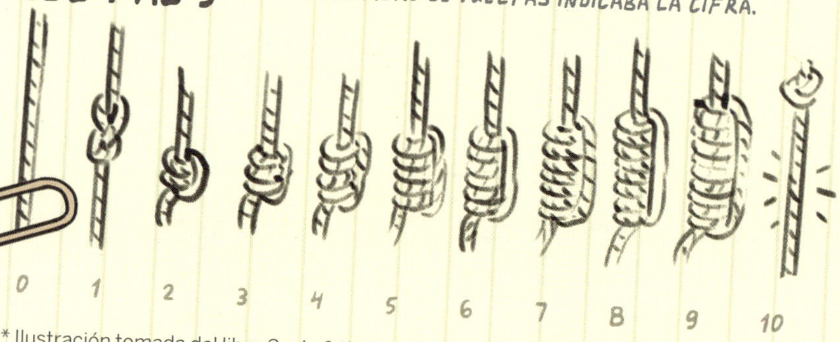

* Ilustración tomada del libro Scale & the Incas, 2018. Andrew Hamilton. Princeton University Press.

MIEDO A LO DESCONOCIDO
¿Sabías que, en 1583, la Iglesia católica prohibió el uso de los quipus? Esto debido a que los consideraba un sistema de registro pagano e inferior a la escritura occidental. Dicha prohibición contribuyó a que se perdieran los saberes necesarios para poder interpretarlos correctamente.

ADMINISTRACIÓN DECIMAL
El Imperio estaba compuesto por cerca de 80 provincias, y cada una era supervisada por un *tucuyricuy* ("aquel que observa"), asistido por un *quipucamayoc* responsable de registrar toda la información. Para organizar el trabajo y la producción en cada provincia, los incas idearon un sistema de base decimal: los grupos más grandes que supervisaban los administradores eran de 10 000 familias; y los más pequeños, de apenas 10 familias.

Los quipus y la administración imperial

¿Sabías que la palabra quechua *quipu* quiere decir "nudo"? Ya en la época de los waris —quienes conformaron un gran Estado antes del surgimiento de los incas—, se usaron cuerdas anudadas para registrar información de todo tipo. Durante el Tahuantinsuyo, este sistema fue adaptado a las necesidades del Imperio y se convirtió en parte importante de su administración. Los quipus podían contener datos sobre la cantidad de bienes, personas o trabajadores, y también se usaron para recordar relatos o hechos históricos. Cuenta el cronista español Pedro Cieza de León que los quipus funcionaban tan bien que nada se podía esconder de su registro... ¡ni siquiera un par de sandalias!

Hechos con fibras de algodón y lana de camélidos, los quipus estaban compuestos por cuerdas de colores sujetas a un cordel principal. La cantidad y forma de los nudos, su posición exacta en una sección de la cuerda, los colores y la manera en que eran trenzados, indicaban distintos tipos de información. Su lectura, manejo y confección estaba a cargo de los *quipucamayocs*, quienes supervisaban a los pueblos conquistados. La información recogida en los quipus era entregada a los gobernantes de cada una de las cuatro regiones principales o suyos. Estos señores, a su vez, rendían cuentas al Sapa Inca, cabeza del Imperio.

Luego de la invasión española, los incas mantuvieron muchas de sus tradiciones y creencias, entre ellas el uso de los quipus. Algunos pueblos los utilizaron para su contabilidad agraria incluso hasta finales del siglo XX. Aunque los investigadores han aprendido mucho sobre su capacidad de registro, aún no se sabe exactamente cómo es que estas coloridas cuerdas anudadas guardaban información tan diversa y de manera tan compleja como cuentan varios cronistas. Con el correr del tiempo, los quipus fueron adaptándose y transformándose frente a los nuevos retos del mundo andino, y hoy se siguen usando en algunas comunidades como símbolo de autoridad y herencia cultural.

Contar números o contar historias

Existen actualmente alrededor de 1000 quipus en distintos museos y colecciones privadas. Sabemos que, de ese total, la mayoría registra información numérica. El resto probablemente guarda distintos tipos de narraciones.

85 %. Pago de tributos, cantidad de recursos almacenados, mano de obra, Población total.

15 %. Memorias, genealogías, poemas, canciones.

FÁCIL DE TRANSPORTAR
Una de las ventajas de los quipus era que podían guardarse y, de ser necesario, trasladarse con facilidad desde las comunidades locales hasta la capital imperial.

ESCUELA DE *QUIPUCAMAYOCS*
Los *quipucamayocs* o "hacedores y animadores de nudos" recibían una educación especial en el Cuzco, donde aprendían a elaborar y leer los quipus. La formación de estos futuros administradores se centraba en la lealtad al Estado inca y sus valores.

SAN ANDRÉS DE TUPICOCHA

EN ESTE PUEBLO DE LA PROVINCIA DE HUAROCHIRÍ, EN LA REGIÓN LIMA, SE CONSERVAN QUIPUS QUE SON PORTADOS COMO INSIGNIAS POR LAS AUTORIDADES EN EVENTOS ESPECIALES. AUNQUE LOS QUIPUS DE SAN ANDRÉS DE TUPICOCHA SON SIMILARES A LOS DE LA ÉPOCA INCA, ESTOS HAN SIDO FABRICADOS DE MANERA COLECTIVA Y SE REHACEN CADA CIERTO TIEMPO PARA MANTENER ACTUALIZADOS LOS REGISTROS DE LA COMUNIDAD.

* Ilustración basada en fotografía *Autoridades de San Andrés de Tupicocha cargando quipus*, 2018. Martin Chumbe.

Tecnología agrícola

¿Sabías que el manejo de la tierra y de los alimentos fue una de las razones por las cuales el Imperio inca pudo crecer tanto y tan rápido? Durante siglos, distintos pueblos andinos habían desarrollado métodos para cosechar alimentos de manera sostenida. Los incas recogieron estos conocimientos y los utilizaron para organizar la producción agrícola a lo largo del Tahuantinsuyo. Aunque no desarrollaron nuevas tecnologías, aprendieron de sus antepasados y lograron satisfacer las necesidades de unos 6 millones de personas que formaron parte del imperio más grande de América.

La cordillera de los Andes, con su compleja geografía, les trajo muchos desafíos. Sin embargo, es gracias a esta imponente cadena de montañas que hoy disfrutamos de una gran variedad de climas y paisajes. De los 104 ecosistemas que existen en el planeta, nuestro país tiene 84. Los pobladores andinos sabían que es posible obtener distintos recursos de cada uno de ellos, y por ello un mismo pueblo ocupaba diferentes regiones a la vez. Al expandir sus dominios a través de los Andes, los incas establecieron vínculos con estos pueblos no solo para ampliar su territorio, sino también para tener acceso a una mayor variedad de recursos.

Implementaron distintas técnicas ancestrales según las características del suelo. En las empinadas laderas de los cerros, se construyeron andenes o terrazas agrícolas. En los valles de la costa y la sierra, se emplearon complejos sistemas de riego. En las punas, se usaron chacras hundidas o cochas para incrementar la humedad en las tierras de cultivo, y chacras levantadas o waru warus para resguardar los cultivos de las inundaciones. Para trabajar la tierra, utilizaron herramientas como la chaquitaclla o arado de pie. Como fertilizante, emplearon guano y excremento de llama y alpaca. Todas estas estrategias, técnicas y herramientas fueron utilizadas en los Andes desde antes de los incas y siguen vigentes hasta nuestros días.

Alimentación en el Tahuantinsuyo

papa

oca

La dieta diaria de los incas incluyó alimentos de alto valor nutritivo como la quinua, la quihuicha y la maca. Además de tubérculos, como la oca y el olluco, se consumían diversas variedades de papa. Entre las frutas estaban la chirimoya, el aguaymanto, la guanábana y la lúcuma. Las proteínas animales más comunes fueron el pescado seco y el charqui (carne seca de llama).

LEER LA NATURALEZA
Los incas fueron grandes observadores de la naturaleza y supieron "leer" los indicadores que encontraban en ella. Por ejemplo, la ubicación de los nidos de las aves en el lago Titicaca anticipaba el nivel que alcanzarían sus aguas. Si el nido estaba en terreno alto, el nivel del agua tendería a subir. De lo contrario, el nivel tendería a bajar. Además, la aparición de un extraño arcoíris circular (halo solar) les anunciaba el inicio de la temporada seca.

¿QUÉ ES EL GUANO?
Es un abono natural rico en nitrógeno, fósforo y potasio, creado a partir del excremento de aves marinas, como el cormorán, el piquero peruano, el pelícano y el zarcillo. Este era depositado en la costa y las islas del litoral, y luego llevado a la sierra.

MADRE TIERRA
La Pachamama o Madre Tierra era una divinidad en el tiempo de los incas. Simbolizaba la fertilidad y era considerada fuente de vida, encargada de proveer buenas cosechas.

COME COMO INCA
Los incas comían el maíz de muchas formas, todas deliciosas. Cuando era cocido en agua, lo llamaban *muti*, ahora le decimos "mote". Cuando era tostado, lo llamaban *camcha*; ahora le decimos "cancha". Con el maíz molido preparaban unas ricas humitas. Y la bebida de maíz fermentado era la famosa chicha. ¿Sabías que las palomitas de maíz o *popcorn* que comes viendo películas son maíz?

SIN PRESERVANTES

CONSERVAR LOS ALIMENTOS Y PODER ALMACENARLOS FUE UNA DE LAS PRIORIDADES DE LOS INCAS, Y DESARROLLARON VARIOS MÉTODOS PARA LOGRARLO. CONSERVABAN EL PESCADO Y OTRAS CARNES SALÁNDOLOS Y SECÁNDOLOS AL SOL. ALGUNOS GRANOS, COMO EL MAÍZ, SE TOSTABAN PARA CONVERTIRLOS EN HARINA. LA PAPA SE DESHIDRATABA PARA PREPARAR CHUÑO, QUE PUEDE DURAR AÑOS. LOS LÍQUIDOS SE ALMACENABAN EN FORMA DE VINAGRES Y CHICHA.

El laboratorio inca de Moray

Cuenta la leyenda que el inca Huayna Cápac vive en un palacio dorado debajo de Moray, en el valle de Urubamba. Y que, cada año, los apus más poderosos del Cuzco —espíritus ancestrales en forma de montañas— van a este palacio para recibir sus tareas agrícolas del mismísimo gobernante. Y aunque no se sabe con certeza qué función tenía Moray, es probable que este impresionante sistema de andenes haya sido un lugar de experimentos agrícolas en el tiempo de los incas.

Moray se ubica en la pampa de Maras, a 35 kilómetros de la ciudad del Cuzco, y es un verdadero espectáculo visual. Desde el aire, sus terrazas circulares perfectamente simétricas se asemejan a enormes ojos. Fueron construidas aprovechando los desniveles naturales del suelo. Estos andenes, que se hunden para formar cuatro hoyos o muyus —palabra que significa "círculo" en quechua—, son resistentes a las lluvias y jamás se inundan. Esto se debe tanto a que el suelo es poroso, como a los canales que construyeron los incas para dirigir el curso del agua.

En las diferentes alturas de sus andenes, los incas implementaron una práctica muy antigua en los Andes: ¡hacer experimentos con diferentes cultivos! Mucho antes del Tahuantinsuyo, el hombre andino aprendió cómo crecen las plantas en distintos climas y situaciones: cuán bien resisten las heladas, las sequías, las inundaciones, los años calurosos o fríos, las plagas de insectos, los hongos, etc. Tomaban en cuenta el calor, la radiación, la sombra, la altitud y la tierra en cada andén o terraza. Eso permitía que cada una tuviese su propio microclima y que los cultivos crecieran de diferentes formas en las distintas alturas.

OBSERVATORIO ASTRONÓMICO
Los investigadores creen que las fechas claves del calendario inca —que se relaciona estrechamente con la agricultura— se encuentran "marcadas" en las terrazas de Moray. Las sombras de los cerros cuando el sol sale o se oculta, se proyectan de distintas formas en los andenes durante los solsticios y equinoccios, que indican el cambio de estación.

PISCINAS DE SAL

EL COMPLEJO ARQUEOLÓGICO DE MORAY SE ENCUENTRA EN EL PUEBLO DE MARAS, FAMOSO POR SUS BLANQUÍSIMAS SALINERAS, QUE CONFORMAN UN PAISAJE ESPECTACULAR. SI PASAS POR AHÍ, TIENES QUE PROBAR LOS PRODUCTOS QUE SE ELABORAN CON ESTA SAL ROSADA, SOBRE TODO LOS CHOCOLATES

MARAS

ANDENES

DESDE ANTES DEL SURGIMIENTO DE LOS INCAS, SE USARON LOS ANDENES COMO ESTRATEGIA PARA APROVECHAR LAS LADERAS EMPINADAS DE LOS CERROS Y EVITAR LA EROSIÓN DEL SUELO. GRACIAS A ELLO, SE GANARON MILES DE HECTÁREAS PARA LA AGRICULTURA.

APU MORAY

ACTUALMENTE, EL SITIO DE MORAY ES CONOCIDO ENTRE LAS COMUNIDADES CAMPESINAS POR SER UN PODEROSO DIOS DE LA MONTAÑA, AL QUE DENOMINAN APU MORAY. EL TÉRMINO QUECHUA APU, QUE SE TRADUCE COMO "SEÑOR", TAMBIÉN SE USÓ COMO TÍTULO PARA LOS OFICIALES DE ALTO RANGO DEL GOBIERNO INCA.

BUENAS COSECHAS

LOS INCAS CELEBRABAN RITUALES PARA PROPICIAR LA FERTILIDAD AGRARIA Y GANADERA. MUCHOS DE ESOS RITUALES SE REALIZABAN EN MOMENTOS DE CAMBIO DE ESTACIÓN Y CORRESPONDEN A FECHAS DEL CALENDARIO INCA, COMO LA FESTIVIDAD DE CHACRA YAPUI QUILLA, ASOCIADA A LA LUNA, QUE SE CELEBRA EN AGOSTO, EL MES DE LA SIEMBRA.

INGENIERÍA ANCESTRAL
Las terrazas de Moray eran irrigadas por canales labrados en las paredes. El agua entraba a los *muyus* y era conducida hacia abajo, a cada terraza.

JUAN DE SANTA CRUZ PACHACUTI ES EL AUTOR DE ESTE DIBUJO QUE REPRESENTA A LAS PRINCIPALES DIVINIDADES ANDINAS. AUNQUE LO HIZO APROXIMADAMENTE EN 1613, ASEGURABA HABERLO VISTO TAL CUAL, CUANDO ERA NIÑO, EN UNA PLACA DE ORO UBICADA DENTRO DEL CORICANCHA (*QORI, O QURI,* ES "ORO" Y *KANCHA* SE REFIERE A UN RECINTO CERCADO; LA UNIÓN DE ESTAS DOS PALABRAS EXPLICA LA DESCRIPCIÓN DE LOS CRONISTAS, QUE HABLAN DE UN RECINTO CUBIERTO DE PLANCHAS DE ORO).

1. WIRACOCHA: CONSIDERADO EL DIOS CREADOR POR LOS INCAS. POSIBLEMENTE, ESTE PERSONAJE ADQUIRIÓ RASGOS DEL DIOS CRISTIANO.

2. INTI O SOL: LAS FUERZAS DE LA NATURALEZA ERAN DIVINIDADES QUE TENÍAN SU FORMA MATERIAL COMO HUACAS. EL SOL ERA EL DIOS PRINCIPAL DEL TAHUANTINSUYO, Y ES DESCRITO COMO UN ÍDOLO DE ORO CON FORMA DE INFANTE. CUANDO SE FORTALECIÓ SU CULTO, ADQUIRIÓ ALGUNOS ATRIBUTOS QUE ANTES TUVO WIRACOCHA, EL ORDENADOR DEL MUNDO.

3. QUILLA O LUNA: ESPOSA Y HERMANA DEL SOL. ERA PROTECTORA DE LAS MUJERES Y DE TODO LO FEMENINO.

4. ILLAPA O RAYO: MANIFESTABA SU PODER MEDIANTE FENÓMENOS METEOROLÓGICOS, COMO LOS RAYOS, LOS TRUENOS, LA LLUVIA O EL GRANIZO.

5. ESTRELLAS: LAS PRINCIPALES ERAN EL LUCERO DE LA MAÑANA O CHASCA, GUARDIANA DEL SOL; Y EL LUCERO DE LA TARDE O CHOQUECHINCHAY, VIGÍA DE LA LUNA.

6. PACHAMAMA O MADRE TIERRA: FUENTE DE VIDA Y FERTILIDAD. ERA LA ENCARGADA DE PROVEER BUENAS COSECHAS.

7. MAMACOCHA O MADRE LAGUNA: DIOSA DE LOS RÍOS, MARES, LAGOS Y LAGUNAS. ERA LA ENCARGADA DE LAS LLUVIAS, LAS MAREAS FAVORABLES Y LA BUENA PESCA.

8. OTROS DIOSES O HUACAS: EL ARCOÍRIS, LA VÍA LÁCTEA, OTROS CUERPOS CELESTES Y ALGUNOS ANIMALES TAMBIÉN ERAN CONSIDERADOS DIVINOS. ADEMÁS, EXISTÍAN DIOSES LOCALES Y REGIONALES DE MUCHO PRESTIGIO, COMO PACHACÁMAC.

9. MALLQUI: EN QUECHUA, MALLQUI SIGNIFICA "ÁRBOL" Y "ANCESTRO", Y SE USABA PARA HABLAR DE LA CONEXIÓN ENTRE EL CICLO DE VIDA DE LAS PLANTAS (NACIMIENTO-CRECIMIENTO-REPRODUCCIÓN-MUERTE-REGENERACIÓN); EL TÉRMINO PARECE HABER SIDO USADO TAMBIÉN PARA REFERIRSE A LOS ANCESTROS.

* Ilustración tomada de *Relación de las antigüedades deste Reyno del Perú*, ca. Siglo XVII. Juan de Santa Cruz Pachacutic Yamqui Salcamayhua.

Mundo sagrado

En los Andes, no existía la idea de un solo dios creador de todas las cosas. Los incas impusieron el culto solar, pero también respetaban a las divinidades de cada región. Así, los pobladores del Tahuantinsuyo continuaron adorando a sus numerosas deidades. Algunos de los dioses más importantes estaban relacionados con los astros y las fuerzas de la naturaleza, como el Sol (Inti), la Luna (Quilla), las estrellas (Chasca y Choquechinchay) y el rayo (Illapa). Según los incas, los rituales conectaban a los seres humanos con estas fuerzas, que hacían posible la vida en el mundo. Las divinidades más importantes, como el Sol, contaban con tierras y servidores a lo largo del Imperio que se encargaban de su culto.

Una palabra clave para entender la religión andina es "huaca", que significa "sagrado". El Inca, que era considerado hijo del Sol, también se convertía en huaca en el momento de ser elegido. Todo lo que era considerado sagrado en el tiempo de los incas era una huaca: no solo lugares y personas, sino también objetos e incluso los antepasados, en forma de momias o mallquis (ancestros). Hoy, llamamos "huacas" a muchos sitios arqueológicos porque fueron lugares sagrados en el pasado.

Los mallquis mencionados en las crónicas eran en su mayoría momias de los gobernantes incas fallecidos. Sus descendientes las cuidaban, las veneraban y hasta les pedían consejos. Las tierras que les habían pertenecido pasaban a ser manejadas por su panaca o grupo familiar, el cual tenía la misión de mantener las obligaciones adquiridas en vida por sus antepasados. Así, los mallquis seguían ofreciendo banquetes, intercambiando regalos y siendo parte importante de la comunidad.

LUGARES SAGRADOS

Eran construcciones —como templos, plazas, altares y adoratorios— o parajes naturales donde las personas establecían contacto con las huacas. Algunos cronistas, como Bernabé Cobo, contaron hasta 328 lugares sagrados alrededor del Cuzco.

LOS SACERDOTES

Estaban a cargo de los rituales, las celebraciones, las ofrendas y los sacrificios que exigía el culto a cada divinidad o huaca. También interpretaban los mandatos divinos para transmitirlos al pueblo. A la cabeza de todos los sacerdotes del Imperio estaba el supremo sacerdote solar o Willaq Umu.

EL MUNDO EN PEQUEÑO

Las *conopas* son miniaturas de plantas y animales elaboradas sobre todo de piedra. Los incas las consideraban sagradas, y se cree que encarnaban a sus rebaños y cultivos. Para pedir la fertilidad o abundancia de la figura representada, se hacían ofrendas a su *conopa*.

TE INVITO A MI FIESTA

¿Irías a una fiesta con una momia? Si hubieras vivido en el tiempo de los incas, sin duda. Era muy normal que los *mallquis* participaran en fiestas y procesiones. Parte del ritual consistía en encender una fogata frente a la momia para arrojar allí la comida y la chicha que le correspondían.

Arte y creencias

Los incas trasmitieron su manera de ver y entender el mundo mediante sus cuentos, rituales e imágenes. Artistas y artesanos del Imperio crearon diseños geométricos y abstractos de misterioso significado, y reprodujeron algunas plantas y animales que habitan el paisaje andino. A diferencia de otros pueblos —como los mochicas o los nascas—, los incas no reprodujeron personajes o dioses, sino símbolos que, por ser muy sencillos y fáciles de reconocer, se convirtieron en señal de su presencia. Estos diseños se utilizaban para decorar diferentes objetos, sobre todo los que se entregaban como regalo a los señores de distintas regiones y los que usaba la nobleza inca.

Sus creaciones no eran piezas de arte como las que conocemos ahora, sino que cumplían importantes tareas. La belleza de sus formas tenía relación con sus funciones como símbolo de prestigio, objeto ritual o emblema de autoridad. Además, el arte estaba al servicio del gobierno: se usaba para comunicar ideas que organizaban la vida social, económica y política en todo el Tahuantinsuyo. Con este fin, se creó un estilo imperial que incorporaba elementos de tradiciones y creencias muy antiguas, compartidas por varios de los grupos que habitaban en los Andes. Estos símbolos y sus significados facilitaron el intercambio de ideas y ayudaron a propagar la visión de los incas sobre el mundo y el orden de las cosas.

¿ES ARTE?

Quizás te preguntes si los incas tenían artistas como los conocemos hoy, si hacían arte por placer y no solo para que este cumpliera una función especial. Es difícil entender las obras de los incas porque cada sociedad produce sus propias formas de representación y expresión creativa. Desde el origen de los tiempos, el arte ha sido reflejo del momento y el lugar en el que crece y se desarrolla el artista. Por eso, las obras nos ayudan a conocer a la cultura que las creó.

URPU, UN CÁNTARO MUY ESPECIAL

EL URPU O ARÍBALO INCA ES SU PIEZA MÁS CONOCIDA Y NUMEROSA. ALLÁ DONDE IBAN, LOS INCAS LLEVABAN ESTAS VASIJAS DE CERÁMICA, QUE NO SOLO SIRVIERON PARA GUARDAR Y DISTRIBUIR CHICHA DE MAÍZ, SINO QUE CUMPLIERON UN PAPEL IMPORTANTE EN CEREMONIAS RITUALES Y DE INTERCAMBIO. POR ELLO, LOS INVESTIGADORES CONSIDERAN LOS URPUS INCAS ENCONTRADOS A LO LARGO DEL TERRITORIO ANDINO COMO UNA EXPRESIÓN DE SU PRESENCIA O INFLUENCIA.

Figuras de animales

Aunque la mayoría son símbolos geométricos, el arte inca también representó felinos como el otorongo, reptiles como la serpiente, camélidos como la llama, peces como suches o bagres del Titicaca, y varios insectos, sobre todo moscas, mariposas, libélulas y arañas.

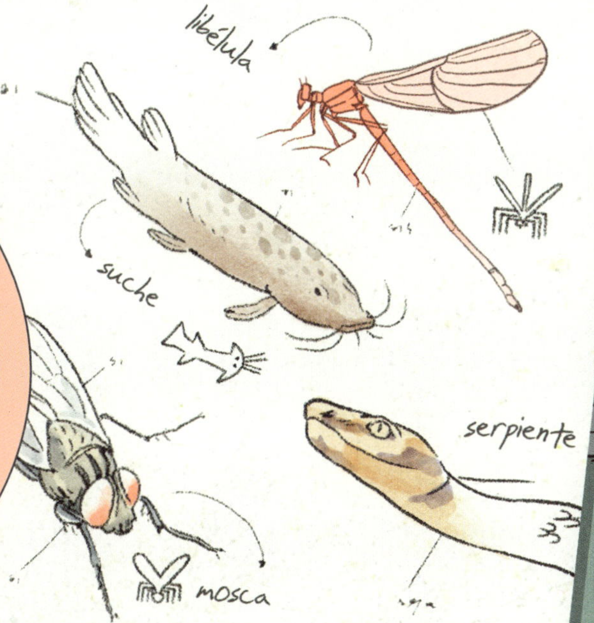

LOS *TOCAPUS*
Son diseños geométricos en el interior de pequeños cuadrados que decoraban vestimentas y queros. Los investigadores creen que cada *tocapu* tiene un significado específico que indica una gran variedad de ideas, desde regiones y lugares, hasta rangos militares o símbolos religiosos.

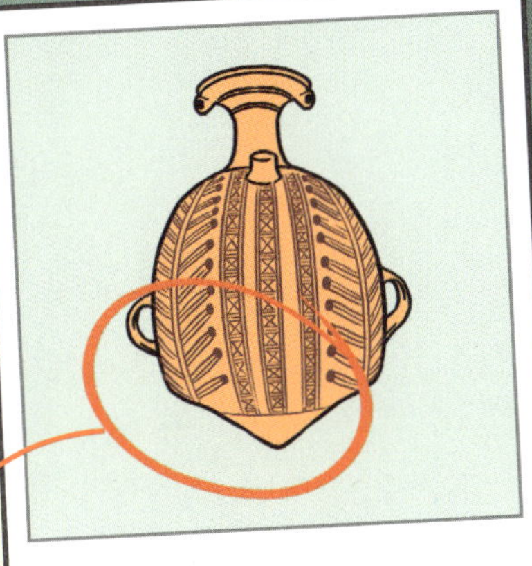
ARÍBALO INCA

BASE EN PUNTA

ARÍBALO GRIEGO

CUELLO CORTO

ENCUENTRA LAS DIFERENCIAS

CUANDO LOS ARQUEÓLOGOS NORTEAMERICANOS EMPEZARON A ESTUDIAR LA CERÁMICA INCA ENCONTRARON CIERTAS SIMILITUDES ENTRE LOS URPUS Y ANTIGUAS VASIJAS DE LA CULTURA GRIEGA LLAMADAS "ARÍBALOS". POR ESO, NOMBRARON ASÍ A ESTOS CONTENEDORES DE CERÁMICA INCAS. EL NOMBRE SE HIZO POPULAR Y HA LLEGADO HASTA NUESTROS DÍAS.

El arte de tejer

¿Sabes cuál era el regalo que más apreciaba un inca? No era un objeto de oro o plata. ¿Adivinas qué les fascinaba recibir? ¡Tejidos finamente trabajados y decorados! Por eso, la fabricación de textiles fue una de las actividades más importantes del Tahuantinsuyo. Mientras en los hogares se tejían prendas y artículos para la vida diaria —como ropa, mantas, bolsos y cuerdas—, en los talleres reales se producían finos textiles que eran usados por la nobleza, el ejército y los funcionarios religiosos.

Las encargadas de hilar y tejer para el gobernante inca eran las acllas, mujeres escogidas desde pequeñas, cuya vida estaba completamente dedicada a la elaboración de lanas y tejidos de la más alta calidad. Junto con ellas, los tejedores más sofisticados, o maestros tejedores, eran los cumbicamayocs. Las telas producidas por ambos eran las más lujosas y se las conocía como cumbis.

Los almacenes del Imperio estaban siempre bien abastecidos de textiles de todo tipo. Los gobernantes cuzqueños proporcionaban uniformes y ropa a los miembros de su ejército, mientras que las túnicas o uncus más finos sirvieron para establecer y reforzar alianzas con los jefes de cada comunidad.

Los textiles tenían también una gran importancia religiosa. Se han encontrado elaboradas telas en lugares sagrados, y los investigadores creen que sirvieron como ofrendas. Por último, los tejidos cumplieron un papel central en la vida cotidiana del Imperio, ya que la ropa —así como los accesorios— indicaba el rango y posición social de quien la vestía. Esta relación entre la persona y su vestimenta forma parte de una tradición ancestral que comenzó a desarrollarse en los Andes hace más de 5000 años.

Como nuevos

No es común que los textiles resistan el paso del tiempo. Es raro encontrar prendas en buen estado y en lugares que permitan entender cómo se usaron. Las telas mejor conservadas provienen de la costa, por el clima seco, y son tejidos finos. ¡Algunos hasta parecen nuevos! Por eso, se cree que fueron fabricados exclusivamente como ofrendas.

Retazo de uncu inca

SEMBRAR, CRIAR, TEJER
Grandes y chicos participaban de alguna manera en la fabricación de textiles. Los más pequeños podían recolectar flores, raíces, bayas y plumas, que se usaban para teñir las fibras o decorar los tejidos. Los mayores estaban a cargo de cultivar las plantas que servían como tintes naturales y de criar a los animales que proveían distintos tipos de lana. Hilar y tejer eran tareas que realizaban sobre todo las mujeres.

CESTAS DE COSTURA
En canastas como esta, que datan de la época inca, se han encontrado agujas hechas de huesos de animales y de metal; herramientas para hilar hechas de piedra, arcilla y madera; así como ovillos de lana y de algodón.

ESTILO INCA

LOS HOMBRES Y MUJERES DEL TAHUANTINSUYO VESTÍAN LAS MISMAS PRENDAS QUE EL GOBERNANTE INCA Y LA COYA, PERO CON UN DISEÑO MÁS SENCILLO Y TELA MÁS RUDIMENTARIA.

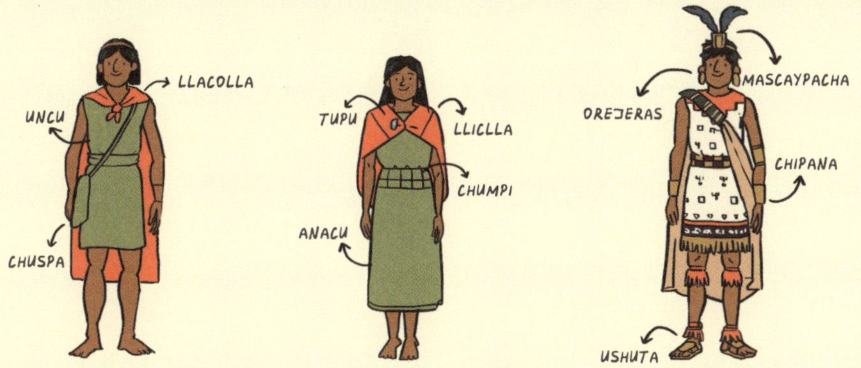

LOS HOMBRES

VESTÍAN UNA TÚNICA O CAMISA (UNCU), Y POSIBLEMENTE UN MANTO QUE USABAN SOBRE LOS HOMBROS (LLACOLLA), ADEMÁS DE UNA BOLSA PARA LLEVAR COCA (CHUSPA).

LAS MUJERES

LLEVABAN UN VESTIDO ENVOLVENTE QUE SE AJUSTABA EN EL HOMBRO (ANACU) Y SE CEÑÍA A LA CINTURA CON UNA FAJA (CHUMPI), ADEMÁS DE UN MANTO (LLICLLA) QUE USABAN SOBRE LOS HOMBROS Y AJUSTABAN SOBRE EL PECHO CON UN ALFILER (TUPU).

EL INCA

LUCÍA LOS UNCUS MÁS FINOS, CON LOS EMBLEMAS DE SU GRUPO SOCIAL O PANACA, ADEMÁS DE OTROS ACCESORIOS QUE SIMBOLIZABAN SU PODER, COMO OREJERAS Y CHIPANAS, PERO EN ESPECIAL LA MASCAYPACHA.

LA COYA

LUCÍA TAMBIÉN LOS SÍMBOLOS PROPIOS DE SU LINAJE NOBLE, ADEMÁS DE *TUPUS* ELABORADOS CON METALES FINOS, Y JOYAS DECORADAS CON CONCHAS DE *SPONDYLUS* Y PIEDRAS PRECIOSAS.

TEJEDORES DE TAQUILE

ISLA DE TAQUILE

EN ESTA ISLA DEL LAGO TITICACA, LA TRADICIÓN DE TEJER SE REMONTA A LAS ANTIGUAS CIVILIZACIONES INCA, PUCARÁ Y COLLA. AUNQUE SU ARTE TEXTIL INCORPORA EN SU DISEÑO NUEVOS SÍMBOLOS E IMÁGENES, SE MANTIENEN EL ESTILO Y LAS TÉCNICAS HEREDADOS DE LAS CULTURAS PREHISPÁNICAS.

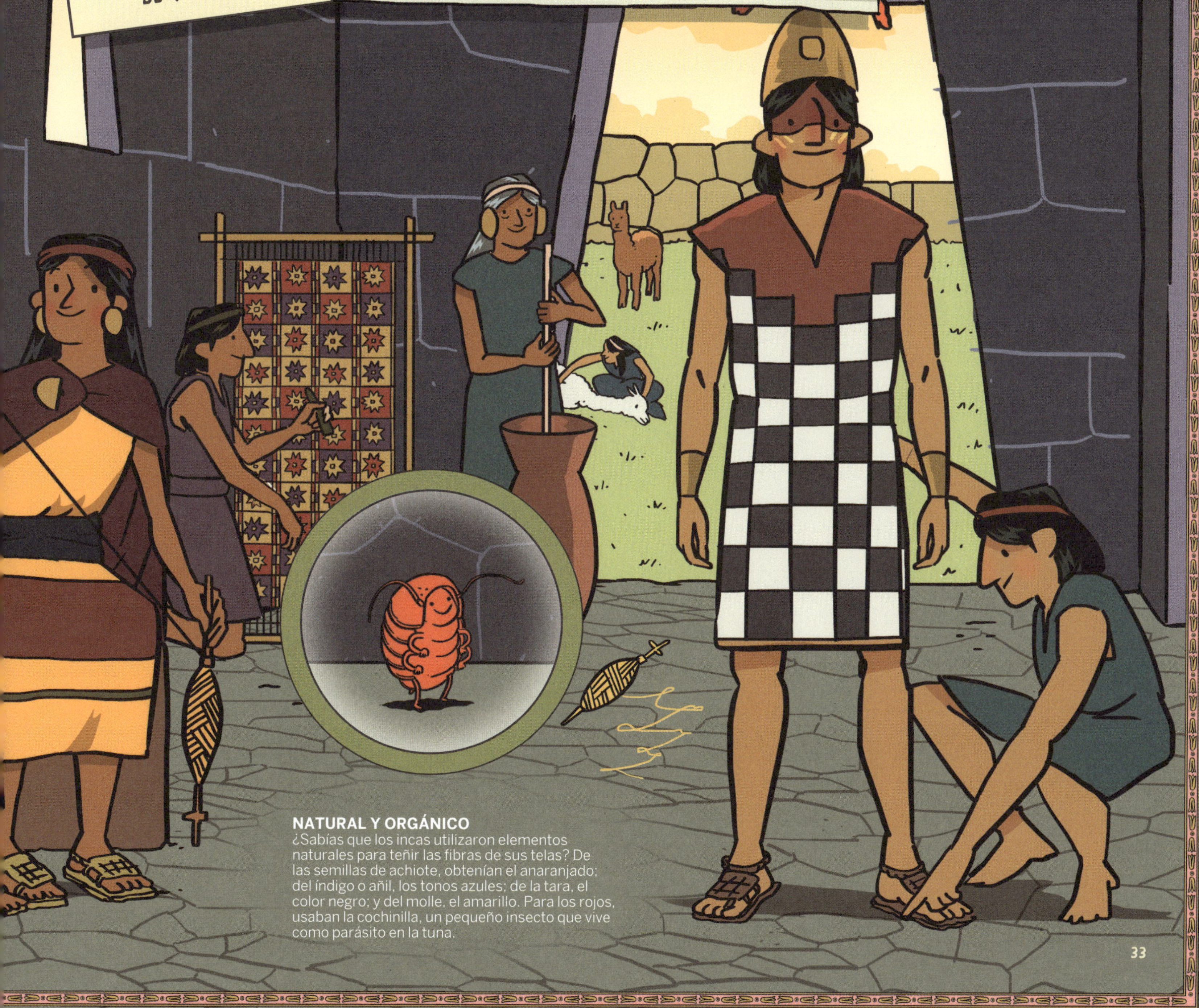

NATURAL Y ORGÁNICO
¿Sabías que los incas utilizaron elementos naturales para teñir las fibras de sus telas? De las semillas de achiote, obtenían el anaranjado; del índigo o añil, los tonos azules; de la tara, el color negro; y del molle, el amarillo. Para los rojos, usaban la cochinilla, un pequeño insecto que vive como parásito en la tuna.

(No) todo lo que brilla es oro...

Imagina un edificio tan lujoso que sus paredes están cubiertas de láminas de oro. En sus patios hay estatuas de oro y plata que representan a hombres, mujeres y niños, así como animales y plantas, de tamaño natural. Y todo, desde ollas y vasijas hasta herramientas, está hecho de metales preciosos. Según el cronista Garcilaso de la Vega, estas fueron las deslumbrantes riquezas que guardaba el Coricancha o Templo del Sol, una de las principales construcciones del Tahuantinsuyo. Tras su llegada a los Andes, los españoles quedaron tan impresionados con la cantidad de objetos suntuosos que encontraron en este y otros recintos, que se desató una fiebre por la búsqueda de tesoros.

Para los incas, en cambio, los metales preciosos tenían otras funciones: más allá de ser adornos o lujos, simbolizaron lo que para ellos era sagrado. Al igual que en el caso de los textiles, se utilizaron figuras y utensilios de metal como regalos entre altos dignatarios y, en especial, como ofrendas a sus huacas. La mayoría de las piezas de oro y plata que se conservan son pequeñas figuras metálicas (idolillos) ricamente vestidas, que se usaron en rituales. En las fiestas y ritos de los incas no podían faltar ni la chicha ni el recipiente en el que esta se llevaba y se servía. Por eso, los orfebres del Imperio fabricaron también vasos de oro y plata, llamados *aquillas*.

Más de 1000 años antes de que existiera el Tahuantinsuyo, varias comunidades andinas ya eran expertas en el trabajo de los metales. Los incas no desarrollaron nuevas técnicas, sino que aprovecharon las tradiciones metalúrgicas de otros pueblos (como los chimús, de la costa norte, y los ychsmas, de la costa central) y lograron organizar a un gran grupo de orfebres para crear diversos objetos: no solo finas piezas de oro y plata, sino también armas para su ejército, y herramientas de cobre y bronce para uso cotidiano de sus habitantes.

1.
Las comunidades sometidas por los incas proporcionaban mano de obra para el trabajo en las minas.

2.
Luego de extraer los minerales, estos se procesaban con un batán de piedra para separar el metal (mena) del material desechable (ganga).

3.
El metal se fundía en hornos ubicados en lugares bien ventilados.

PROHIBIDO REPETIR

EN FIESTAS Y CEREMONIAS, SE CONSIDERABA POCO DIGNO SERVIRSE DOS VECES DEL MISMO UTENSILIO. POR ESO, EL INCA TENÍA MUCHÍSIMOS VASOS DE ORO Y PLATA, ALGUNOS FABRICADOS ESPECIALMENTE PARA LA OCASIÓN.

EN PAREJAS

LOS INVESTIGADORES HAN ENCONTRADO QUE LAS *AQUILLAS* SE FABRICARON SIEMPRE EN PARES. AL IGUAL QUE LOS QUEROS, VASOS CEREMONIALES QUE ESTABAN HECHOS DE UN MISMO BLOQUE DE MADERA, CADA PAR DE *AQUILLAS* SE HACÍA DE UNA MISMA LÁMINA CRUDA DE METAL.

AQUILLAS

ORFEBRES NO PAGAN

EN EL TAHUANTINSUYO, LOS ARTISTAS NO ESTABAN OBLIGADOS A PAGAR TRIBUTO CON EL TRABAJO DE LA TIERRA, PUES EL INCA CONSIDERABA QUE ESTOS NO DEBÍAN HACER NINGUNA OTRA COSA ADEMÁS DE CREAR VASIJAS O MINIATURAS DE METALES PRECIOSOS PARA SU SERVICIO.

RELIQUIAS DEL PASADO
Muchísimas piezas de oro y plata producidas por los incas fueron fundidas o enviadas a España tras la invasión. Estas pequeñas figuras metálicas, vestidas con prendas en miniatura, perduran hasta hoy gracias a que fueron enterradas como parte de rituales y ofrendas.

TÉCNICAS Y HERRAMIENTAS
Para decorar sus piezas de metal, los antiguos peruanos emplearon técnicas como el repujado, el calado y la filigrana. Para ello, utilizaron herramientas como cinceles, punzones y buriles.

4.

Se usaron diversas técnicas de orfebrería para dar forma a las piezas, como el laminado, que transforma un lingote en una hoja metálica mediante el uso de un martillo. Los instrumentos más utilizados eran los martillos de mano hechos de basalto o andesita.

El ejército del Inca

Si gobernaras un poderoso imperio, ¿qué tan grande sería tu ejército? Quizá tan grande que tus enemigos, al verlo, preferirían ser tus aliados. Así era el ejército del Inca, que creció a lo largo de varias generaciones y campañas de expansión del Tahuantinsuyo. Los gobernantes organizaban con anticipación todo lo necesario para ponerse en marcha con la mayor cantidad de guerreros posible, así como un séquito de acompañantes que construían caminos y puentes a medida que avanzaban.

Durante las primeras campañas militares, algunos pueblos aceptaron o buscaron aliarse con los incas para que el ejército los protegiera de sus rivales. Los pueblos que se unían al Tahuantinsuyo debían integrar sus tropas; por eso, personas pertenecientes a diversas comunidades formaban parte del cada vez más numeroso ejército del Inca.

Mientras duraba su servicio militar, los guerreros recibían ropa y alimentos del Estado. Como las tropas estaban compuestas por hombres de distintos pueblos, que tenían sus propias obligaciones, el tiempo de servicio no era muy largo, y se hacían treguas en épocas de cosecha.

Poco a poco, pertenecer al ejército del Inca se convirtió en un medio de distinción para los hombres de la nobleza. En las décadas anteriores a la invasión española, las campañas de reconquista (cuando un nuevo Inca ascendía al poder, debía volver a conquistar los pueblos dominados por sus predecesores) se volvieron más difíciles. Por eso, las tropas se especializaron: los grandes ejércitos de agricultores y pastores fueron reemplazados por guerreros de grupos como los chachapoyas y los cañaris, dedicados exclusivamente al combate. Estos soldados se convirtieron en expertos veteranos que aprendieron tácticas feroces para hacer frente a los pueblos que se resistían a ser dominados.

DIPLOMACIA INCA
La fuerza militar no fue ni la única ni la principal estrategia que emplearon los incas en sus campañas de expansión. A diferencia de otros imperios, el ofrecimiento de alianzas y regalos fue muy importante en el proceso de conquista.

LAS ARMAS DE LOS INCAS

Para atacar al enemigo a distancia corta, se usaban sobre todo la honda y la boleadora, pero luego los ejércitos se batían cuerpo a cuerpo. A esa distancia, la principal arma de los incas era el mazo.

Honda o huaraca hecha de lana o fibra trenzada.

Hacha fabricada con láminas de cobre o piedra.

1 2 3

Boleadora de dos o tres piedras redondas unidas por una soga. Se lanzaba con fuerza al cuello, brazos o piernas del oponente.

Camisas de algodón para proteger el cuerpo.

Escudo y casco de madera forrado de tela.

MAZO

Compuesto por una cabeza de piedra o metal, de forma redonda o estrellada, con un mango de madera encajado en el agujero central.

Por lo general tenían seis puntas.

Entre 30 y 60 cm

15 cm

Piedra, cobre o bronce.

¡QUÉ ELEGANCIA!

ALGUNAS CRÓNICAS DESCRIBEN A LOS SOLDADOS DEL EJÉRCITO IMPERIAL VISTIENDO HERMOSAS TÚNICAS CON UN PATRÓN DE CUADRADOS BLANCOS Y NEGROS.

Qhapaq Ñan: el gran camino inca

El Qhapaq Ñan es una gran red de caminos de más de 30 000 kilómetros de largo, que recorría los actuales territorios de seis países sudamericanos: Colombia, Ecuador, Bolivia, Chile, Argentina y Perú. Los incas expandieron los caminos hechos por otros Estados —como wari, chimú y tiwanaku— para construir la obra pública más importante y eficiente del mundo prehispánico. Según el cronista español Bernabé Cobo, durante la Colonia, un paquete enviado del Cuzco a Lima tardaba 12 días en llegar a su destino si iba por correo a caballo, pero tan solo tres días si viajaba en manos de los chasquis o mensajeros incas. ¡Increíble, pero cierto!

Se usaron distintas técnicas y materiales para trazar caminos en la arena de la costa, en las cumbres rocosas de la puna, en los densos bosques de la selva o en los valles de la sierra. En estas condiciones, transitar en el lomo de un animal o en una carreta era mucho más difícil que hacerlo a pie. De ahí el éxito de los chasquis, que recorrían el Qhapaq Ñan utilizando un eficiente sistema de relevos (¡similar a las postas!).

El uso de este gran camino era solo para asuntos del Estado: los chasquis llevaban mensajes oficiales; las caravanas de llamas transportaban alimentos y recursos, como maíz, papas y algodón; los soldados marchaban hacia su siguiente destino; e incluso los gobernantes viajaban con su comitiva por sus senderos y puentes. Al conectar los cuatro *suyos* o regiones del Imperio, el Qhapaq Ñan permitió a sus habitantes el acceso a distintas geografías y recursos. Hoy, esta monumental obra de ingeniería inca sigue viva. Los pobladores andinos trabajan y se comunican a lo largo de sus rutas ancestrales, contribuyendo a preservar y renovar su legado. Al recorrer estos caminos, que se han convertido en un importante atractivo turístico, es posible conocer la historia y la cultura del Perú.

UN PUENTE PARA CADA VÍA
La destreza de los incas para adaptarse al territorio andino —y a las necesidades de cada una de sus comunidades— quedó plasmada en la construcción de distintos tipos de puentes. A lo largo de su gran red de caminos, se hicieron puentes de soga, madera y piedra, en armonía con los recursos y condiciones del paisaje. Uno de estos puentes se llama Queshuachaca (ubicado en Canas, Cuzco) y es renovado periódicamente hasta hoy.

PATRIMONIO MUNDIAL

DESDE EL AÑO 2014, LA RED VIAL ANDINA HA SIDO RECONOCIDA CON ESTA DISTINCIÓN POR LA UNESCO. ESTO LA CONVIERTE EN EL PATRIMONIO MÁS EXTENSO DEL MUNDO: SI CONSIDERAMOS TODOS SUS TRAMOS —MÁS DE DE 30 000 KILÓMETROS— Y LOS ESTIRAMOS EN LÍNEA RECTA, LA LONGITUD COMPLETA SERÍA MÁS LARGA QUE LA CIRCUNFERENCIA DE LA TIERRA.

TIPOS DE CAMINOS

1. DE PIEDRAS PLANAS

SE CONSTRUYERON EN LAS ZONAS ALTAS, Y TENÍAN ALCANTARILLAS PARA PROTEGERLOS DE LAS INUNDACIONES DURANTE LAS TORMENTAS.

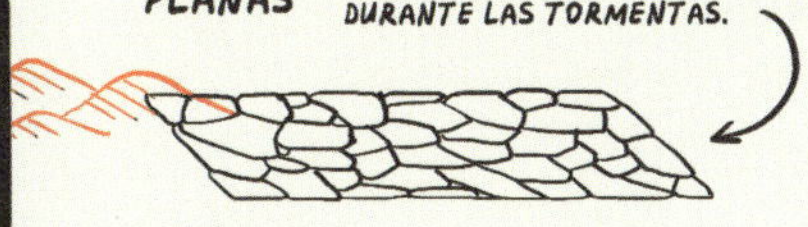

2. DE PIEDRAS ALINEADAS

EN LOS DESIERTOS, SE MARCARON LOS CAMINOS CON FILAS DE PIEDRAS.

3. DE ESCALONES

FUERON LA SOLUCIÓN PARA TRANSITAR POR TERRENOS ESCARPADOS.

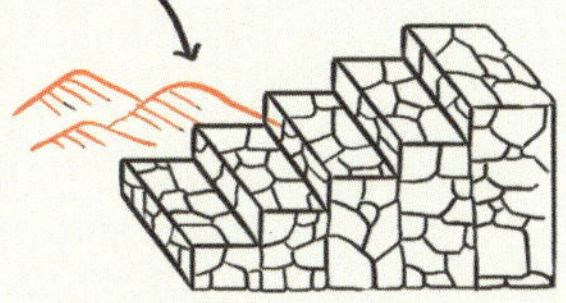

4. CON MUROS DE CONTENCIÓN

SE CONSTRUYERON EN LAS ALTAS PENDIENTES.

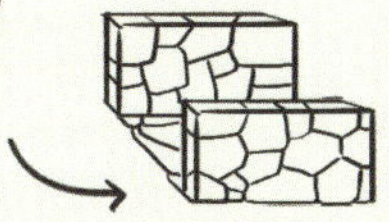

RÁPIDOS Y RUIDOSOS
Los chasquis viajaban de 10 a 15 kilómetros hasta llegar a una pequeña casa llamada *chasquihuasi*, donde otro chasqui esperaba para correr el próximo segmento del camino. A medida que el corredor se acercaba, hacía sonar una trompeta de caracola o *pututu* para avisar a su compañero que debía prepararse. De esta manera, 25 chasquis podían cubrir entre 250 y 375 kilómetros en un solo día (aunque siempre dependía de qué ruta eligieran). Así, un encargo de Quito podía llegar al Cuzco en alrededor de una semana.

TAMBOS PARA SERVIRTE MEJOR
Los tambos eran lugares que permitían a los viajeros descansar y abastecerse para poder llegar a las distintas comunidades y centros administrativos a los que se dirigían.

Grandes construcciones

En los profundos valles, en las heladas cumbres y hasta en uno de los desiertos más secos del mundo, los incas construyeron centros administrativos, estaciones de paso, fortalezas, fincas, palacios y santuarios. Al expandirse por toda la cordillera de los Andes, atravesaron diversas regiones naturales. ¿Cómo lograron construir en esa gran diversidad de territorios?

Los incas desarrollaron un estilo arquitectónico propio, fácil de reconocer y reproducir: la mayoría de sus edificios tienen un solo piso y una sola habitación rectangular. Las puertas y ventanas tienen forma trapezoidal, es decir, son más anchas en la parte de abajo y más angostas arriba. Los techos son voluminosos y están hechos de paja. Y las paredes no son perpendiculares al piso, sino inclinadas hacia adentro.

A medida que el Imperio crecía, el nuevo poder inca se hacía visible en sus edificaciones. Los templos permitieron difundir el culto al Sol en las provincias, mientras que los tambos alojaron a los funcionarios que viajaban a través del Qhapaq Ñan. Lugares como Huanucopampa y Tomebamba albergaron a miles de personas, trasladadas desde regiones lejanas para servir al Estado.

Como si fueran piezas de rompecabezas o bloques de construcción, piedras de todo tamaño fueron talladas y montadas de manera muy precisa para construir impresionantes muros. Estos son el ejemplo más famoso de una gran variedad de técnicas y materiales que los incas emplearon a lo largo del Tahuantinsuyo. Para entender la relación que estas grandes construcciones tenían con el entorno, es necesario mirar el paisaje que las rodea.

TIPOS DE CONSTRUCCIONES
La mayoría de los *callancas*, *canchas* y *colcas* eran edificios sencillos que podían adaptarse para cumplir diversas funciones.
Por ejemplo, los *callancas* (1) eran edificios rectangulares de grandes dimensiones con varios accesos y entradas, que servían como hospedaje de funcionarios, entre otras cosas. El *cancha* (2) es un patio o plaza central rodeado por edificios que podían ser viviendas y talleres para producir bienes. Los *colcas* (3) eran almacenes. Un *ushnu* (4) era una construcción en forma de pirámide trunca o una plataforma que el Inca usaba para ceremonias públicas y rituales.

CALLE HATUN RUMIYOQ

PIEDRA DE LOS 12 ÁNGULOS

ES UN BLOQUE DE PIEDRA TALLADA Y ENCAJADA SIN NINGÚN TIPO DE MEZCLA PARA FORMAR UN MURO. SI VISITAS LA CIUDAD DE CUZCO, PODRÁS ENCONTRARLA EN LA CALLE HATUN RUMIYOQ, DONDE ANTIGUAMENTE VIVÍA INCA ROCA, GOBERNANTE DEL TAHUANTINSUYO.

TRANSFORMAR EL PAISAJE
Con la construcción de terrazas agrícolas, los incas transformaron enormemente su entorno, ya que debieron remover y trasladar una gran cantidad de tierra para lograrlo. Aun así, el resultado no fue la destrucción del paisaje, sino su mejora: los andenes acentuaron la superficie del terreno y convirtieron tierras que no eran productivas en tierras fértiles.

TÉCNICA Y ORGANIZACIÓN

LOS INCAS EMPLEARON UNA GRAN CANTIDAD DE PERSONAS EN LA CONSTRUCCIÓN DE TODO TIPO DE EDIFICIOS, Y DEBIERON ORGANIZAR MUY BIEN EL TRABAJO PARA LOGRAR SUS OBJETIVOS.

1 LAS POBLACIONES DE CADA COMUNIDAD PRESTARON SUS SERVICIOS PARA LA CONSTRUCCIÓN.

2 USARON MATERIALES DISPONIBLES EN SU ENTORNO O RELATIVAMENTE CERCA.

3

LOS GRANDES BLOQUES DE PIEDRA SE LEVANTARON CON RAMPAS Y SE MOVILIZARON CON RODILLOS DE MADERA. CADA PIEDRA ERA COLOCADA EN EL LUGAR QUE DEBÍA OCUPAR, Y AHÍ MISMO ERA TALLADA PARA QUE ENCAJE PERFECTAMENTE.

4 PARA LABRAR LA PIEDRA, USARON MARTILLOS DE CUARCITA, DIORITA Y OTRAS PIEDRAS DURAS.

La piedra de Sayhuite

En la cima de una pirámide escalonada, dentro de un antiguo adoratorio inca, se encuentra esta piedra labrada de gran tamaño y misterioso significado. Edificios, andenes y canales de riego han sido esculpidos junto a montañas, ríos y lagos. Hombres y mujeres habitan este mundo en miniatura y conviven con pumas, llamas, serpientes, sapos, lagartijas, cóndores, monos y cangrejos. No se sabe aún qué función cumplía este monolito, que parece una gran *paccha* o fuente: cuando llovía, el agua se empozaba en los huecos de la piedra y fluía por la superficie, para luego regar la tierra a través de pequeños agujeros.

La piedra de Sayhuite forma parte del complejo arqueológico de Concacha, donde se cree que los incas rindieron culto al agua. Es considerada una huaca o santuario único en su género: a diferencia de otras huacas elaboradas en piedra por los incas, esta tiene más de 200 figuras grabadas con gran detalle. El monolito está rodeado de altares y cerca de una construcción que parece un laberinto. Sin duda fue un sitio religioso muy importante: ¡algunos investigadores piensan que podría tratarse de un oráculo!

Todo aquel que visita el distrito de Curahuasi (Apurímac) para admirar la piedra, intenta descifrar qué es lo que representa. Quizás fue un altar sagrado dedicado al agua, un símbolo de las lluvias que irrigan los campos y favorecen los cultivos. También pudo ser una marca territorial que señalaba la separación de dos pueblos antiguamente enfrentados: los incas, del Cuzco, y los chancas, que fueron conquistados por los primeros. O tal vez se trata de un mapa del Tahuantinsuyo, con sus numerosas regiones y climas. Lo que quiera que haya sido Sayhuite en el pasado, hoy es un ejemplo de la maestría y el arte de los antiguos peruanos. ¿Te animas a descubrir su significado?

¡UN SOL!

UN BRINDIS CON LA NATURALEZA
Los incas tenían una relación especial con su entorno, y era común que "brindaran" con el río a modo de agradecimiento. Para ello, usaban vasijas con pequeñas vertedoras, conocidas como *pacchas*. Al servir agua o chicha en estas vasijas, el líquido fluía por su interior y caía a través de la vertedera.

Llamas y alpacas parecen pastar en el valle.

* Cuatro felinos están dispuestos para señalar los cuatro puntos cardinales.

Figuras de hombres y mujeres, dispuestos en pareja, se distinguen cerca de ríos y lagos. La mujer lleva un cántaro de agua.

Reservorios recogen el agua que llega desde la parte alta.

ORÁCULOS DEL ANTIGUO PERÚ

LOS ORÁCULOS ERAN LUGARES SAGRADOS A LOS QUE ACUDÍAN LAS PERSONAS —Y TAMBIÉN LOS JEFES DE LAS COMUNIDADES— EN PEREGRINACIÓN, PARA CONSULTAR A UNA DEIDAD Y OBTENER RESPUESTAS. ENTRE LOS PRINCIPALES ORÁCULOS DEL ANTIGUO PERÚ DESTACAN PACHACÁMAC, EN LIMA; TITICACA, EN LA ISLA DEL SOL; Y CATEQUIL, MUY CERCA DE HUAMACHUCO.

¡ORGULLO NACIONAL!

EL 21 DE MARZO DE 2012, EL BANCO CENTRAL DE RESERVA DEL PERÚ PUSO EN CIRCULACIÓN UNA MONEDA DE 1 SOL CON LA IMAGEN DE LA PIEDRA DE SAYHUITE. FUE PARTE DE UNA SERIE ESPECIAL DE MONEDAS LLAMADA "RIQUEZA Y ORGULLO DEL PERÚ".

PAISAJE DE PIEDRA

EL MONOLITO DE SAYHUITE ESTÁ CUBIERTO DE FIGURAS TALLADAS EN RELIEVE, QUE REPRESENTAN DISTINTOS ELEMENTOS PROPIOS DEL PAISAJE ANDINO: DESDE CONSTRUCCIONES ANCESTRALES, COMO ANDENES, HASTA ANIMALES Y PLANTAS NATIVOS.

EL MONOLITO DE SAYHUITE MIDE:

2,20 METROS DE ALTO.
4 METROS DE DIÁMETRO.
11 METROS DE CIRCUNFERENCIA.

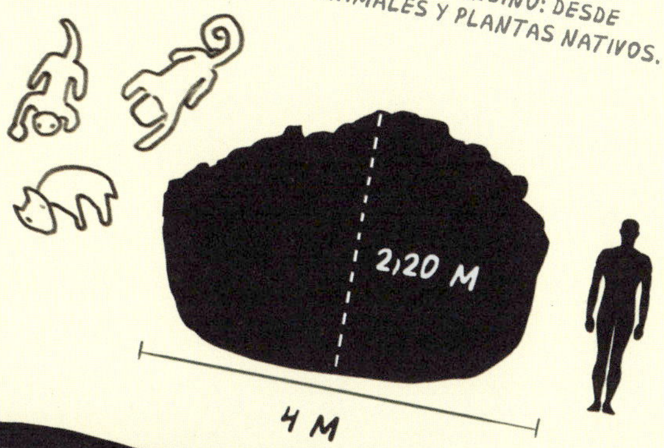

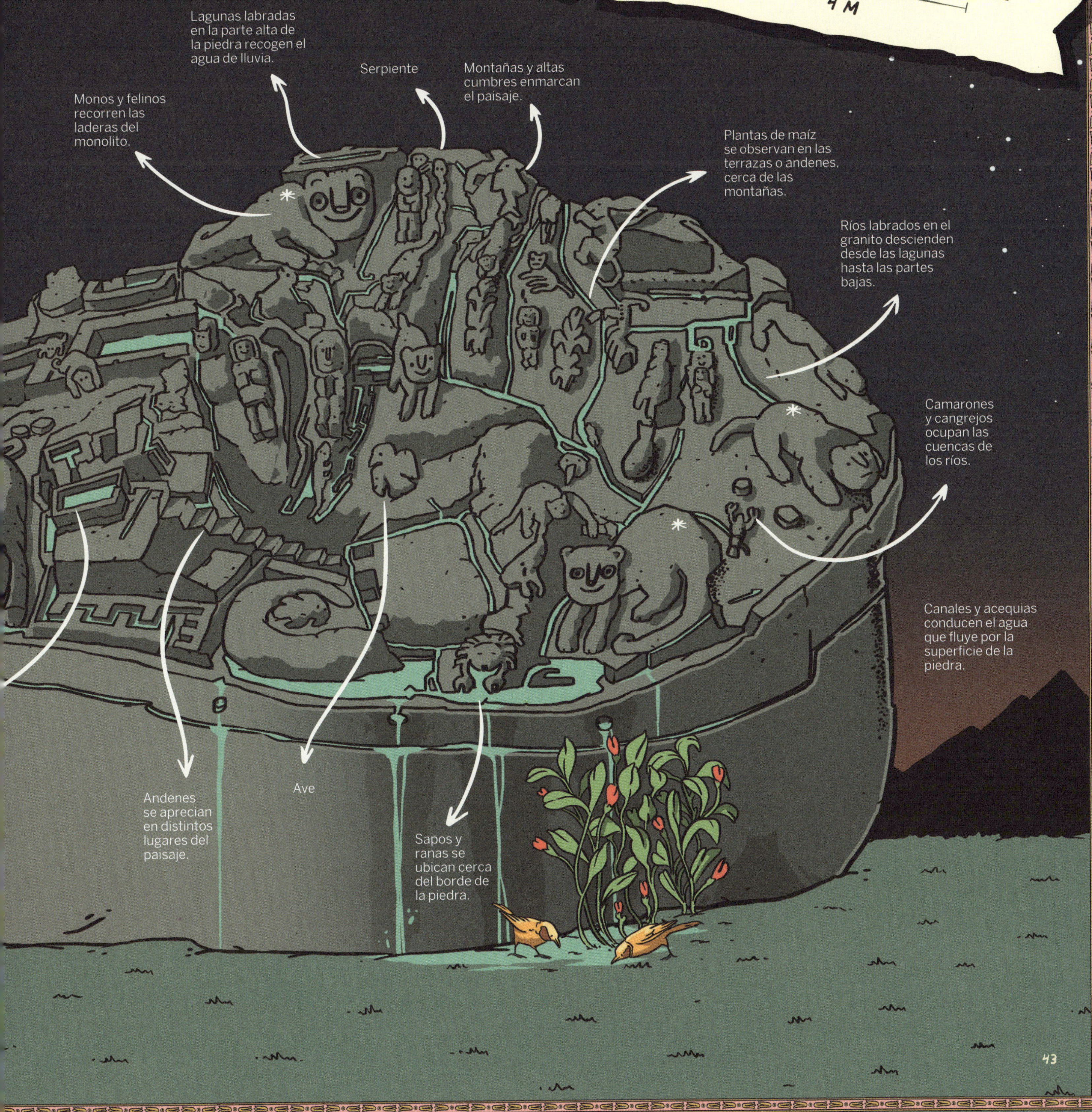

Palacios y fincas reales de los incas

Desde Huiracocha hasta Huáscar, los grandes gobernantes del Imperio inca construyeron formidables y lujosas estancias. Tras derrotar primero a los cuyos y luego a los tambos [ver páginas 16 y 17], Pachacútec levantó fincas y palacios en Písac y Ollantaytambo. Ambos lugares se construyeron para marcar cada conquista con un recuerdo de su triunfo, pero también para organizar a las poblaciones recién conquistadas. Sus instalaciones estaban diseñadas para brindar comodidad a la *panaca* o grupo familiar del Inca, así como para elevar su reputación y —más adelante— mantener el culto de su momia. Todos los gobernantes tenían el deber de fundar su *panaca* y edificar una finca. ¿Te imaginas cómo eran estas notables construcciones cuando los incas dominaban los Andes?

Las fincas reales eran útiles y también hermosas. El territorio que abarcaban incluía lagos, palacios y campos de cultivo. Muchas incorporaron pueblos enteros que trabajaban en beneficio del Inca. Tenían lugares sagrados, pero también espacios recreativos donde los nobles practicaban la caza, la crianza de pájaros y la jardinería. Estaban ubicadas en sitios estratégicos, de gran importancia para las poblaciones locales y perfectos para la producción de diversos bienes, como maíz, ají, coca, oro, sal y madera. Ningún obstáculo era muy grande cuando se trataba de construir estos lugares: se dice que el inca Huayna Cápac hizo mover el río de un lado del valle al otro para levantar su residencia en Yucay.

Al visitar estas fincas hoy, es posible admirar no solo su belleza, sino también su significado: en su construcción y diseño, cada gobernante expresó sus valores, su historia y su manera de entender el mundo.

LA VIDA EN CHINCHERO
En esta finca estaba el palacio de Túpac Yupanqui, donde el gobernante se retiraba a descansar durante el tiempo que le parecía adecuado. Lo acompañaban algunas de sus esposas y también otros señores, todos miembros de la nobleza.

DOMINIOS REALES

TODAS LAS FINCAS Y PALACIOS SE CORRESPONDEN CON UN GOBERNANTE INCA Y UN ESTILO PROPIO. SIN EMBARGO, ALGUNOS DE ESTOS EDIFICIOS SE TERMINARON DE CONSTRUIR —O SE RECONSTRUYERON— EN DISTINTAS ÉPOCAS A LO LARGO DE LA HISTORIA DEL TAHUANTINSUYO.

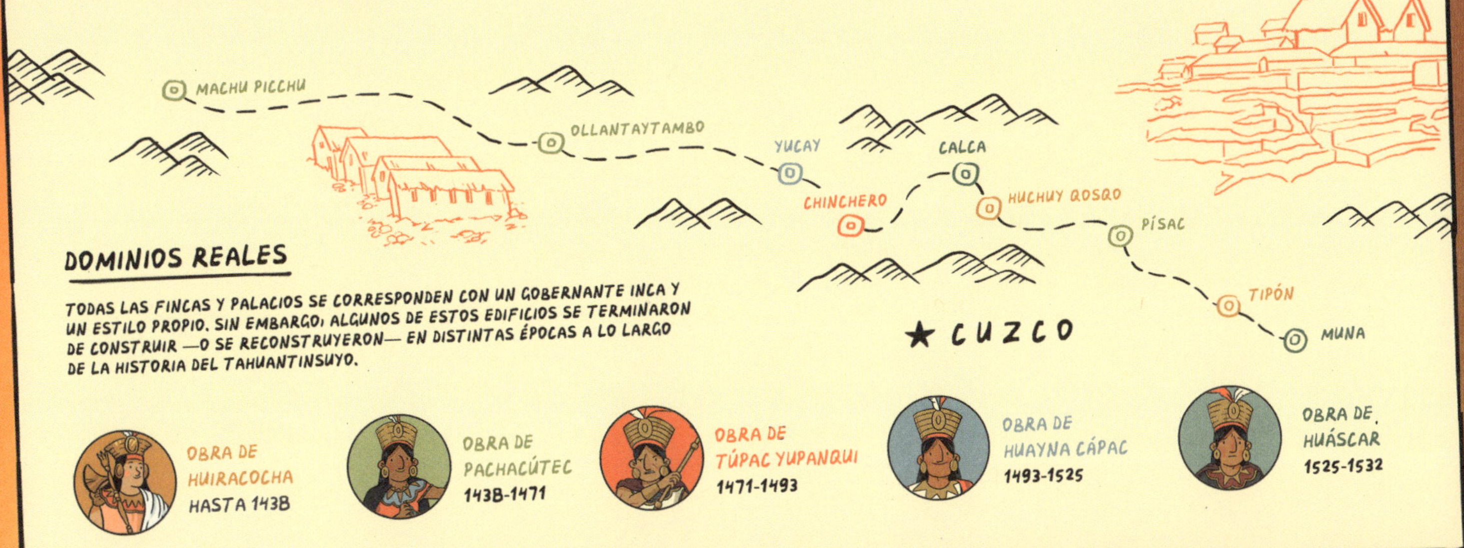

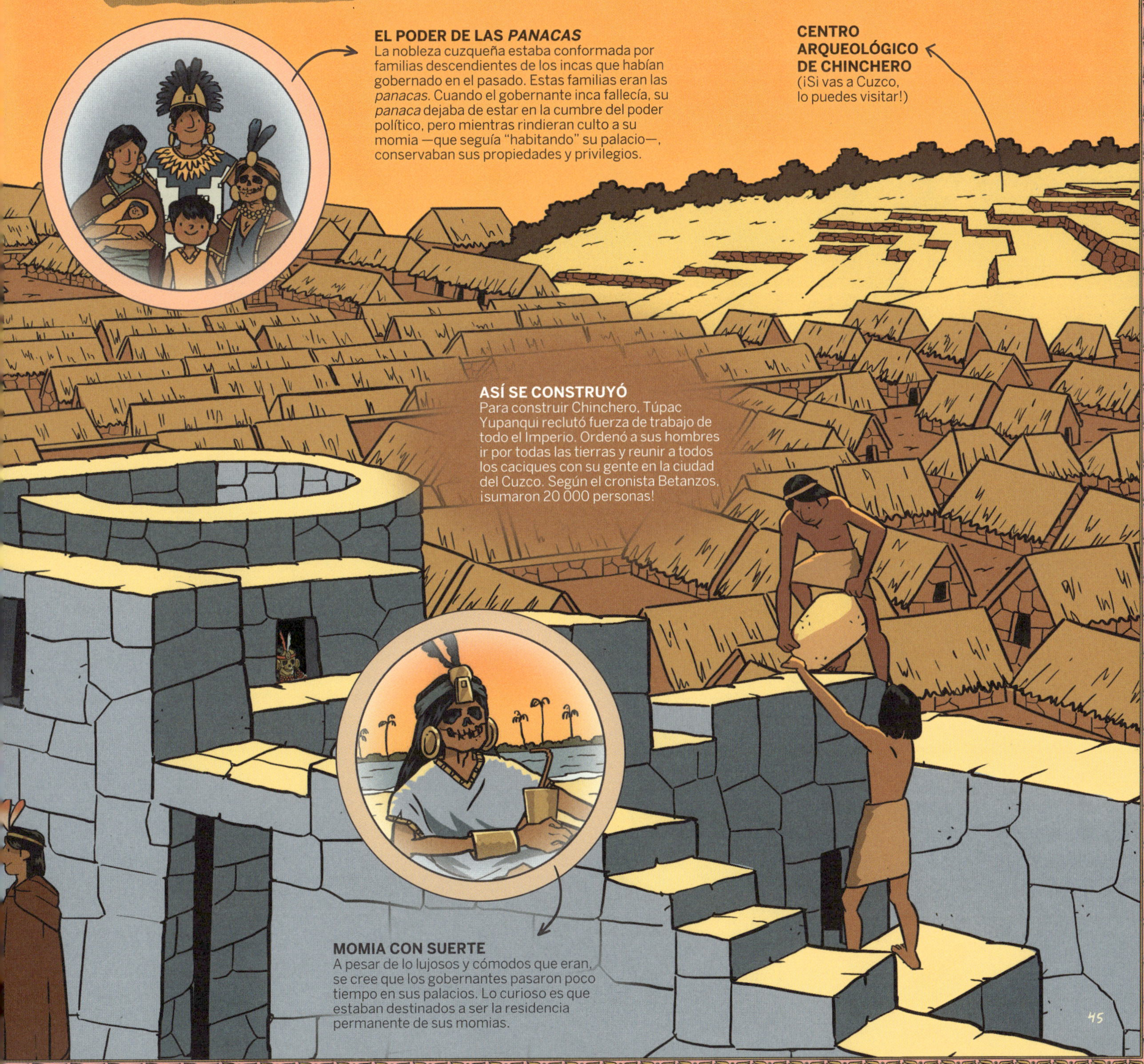

EL PODER DE LAS *PANACAS*
La nobleza cuzqueña estaba conformada por familias descendientes de los incas que habían gobernado en el pasado. Estas familias eran las *panacas*. Cuando el gobernante inca fallecía, su *panaca* dejaba de estar en la cumbre del poder político, pero mientras rindieran culto a su momia —que seguía "habitando" su palacio—, conservaban sus propiedades y privilegios.

CENTRO ARQUEOLÓGICO DE CHINCHERO
(¡Si vas a Cuzco, lo puedes visitar!)

ASÍ SE CONSTRUYÓ
Para construir Chinchero, Túpac Yupanqui reclutó fuerza de trabajo de todo el Imperio. Ordenó a sus hombres ir por todas las tierras y reunir a todos los caciques con su gente en la ciudad del Cuzco. Según el cronista Betanzos, ¡sumaron 20 000 personas!

MOMIA CON SUERTE
A pesar de lo lujosos y cómodos que eran, se cree que los gobernantes pasaron poco tiempo en sus palacios. Lo curioso es que estaban destinados a ser la residencia permanente de sus momias.

¡Machu Picchu!

¿Adivinas cuál es la residencia inca más famosa del mundo? ¡Machu Picchu! Esta estancia perteneció a Pachacútec, célebre gobernante del Tahuantinsuyo que convirtió al Estado inca en uno de los grandes imperios de la historia. Su impresionante estructura de piedra, considerada una de las siete maravillas del mundo, se ubica a unos 2453 metros sobre el nivel del mar, en una saliente de roca entre los cerros Huayna Picchu y Machu Picchu, de donde toma su nombre. Hoy, Machu Picchu —o "montaña vieja", en quechua— es uno de los principales atractivos turísticos del Perú, pero hace 600 años significó para los habitantes de los Andes la transformación del paisaje en armonía con el medio ambiente.

El Inca movilizó una gran cantidad de personas y puso mucho esfuerzo en la construcción de esta magnífica finca, que parece surgir naturalmente de las montañas. Llegar hasta la ceja de selva, donde está situada, fue una aventura desafiante para Pachacútec y sus hombres, quienes la consideraban una tierra peligrosa, habitada por bestias feroces. La zona era agreste y escarpada, con ríos profundos y rápidos, pero también ofrecía importantes recursos, como maderas y ricas minas de oro y plata. Además, su clima era propicio para la producción de coca, una hoja fundamental en los rituales.

La vida en Machu Picchu era tranquila y apacible, ya que fue utilizada como lugar de descanso por el Inca. Templos, fuentes, terrazas, talleres y un observatorio solar indican también la presencia de sacerdotes, agricultores y artesanos. En este espacio sagrado, ubicado entre los Andes y la Amazonía, se manifiestan hasta hoy el espíritu y la grandeza del Imperio inca.

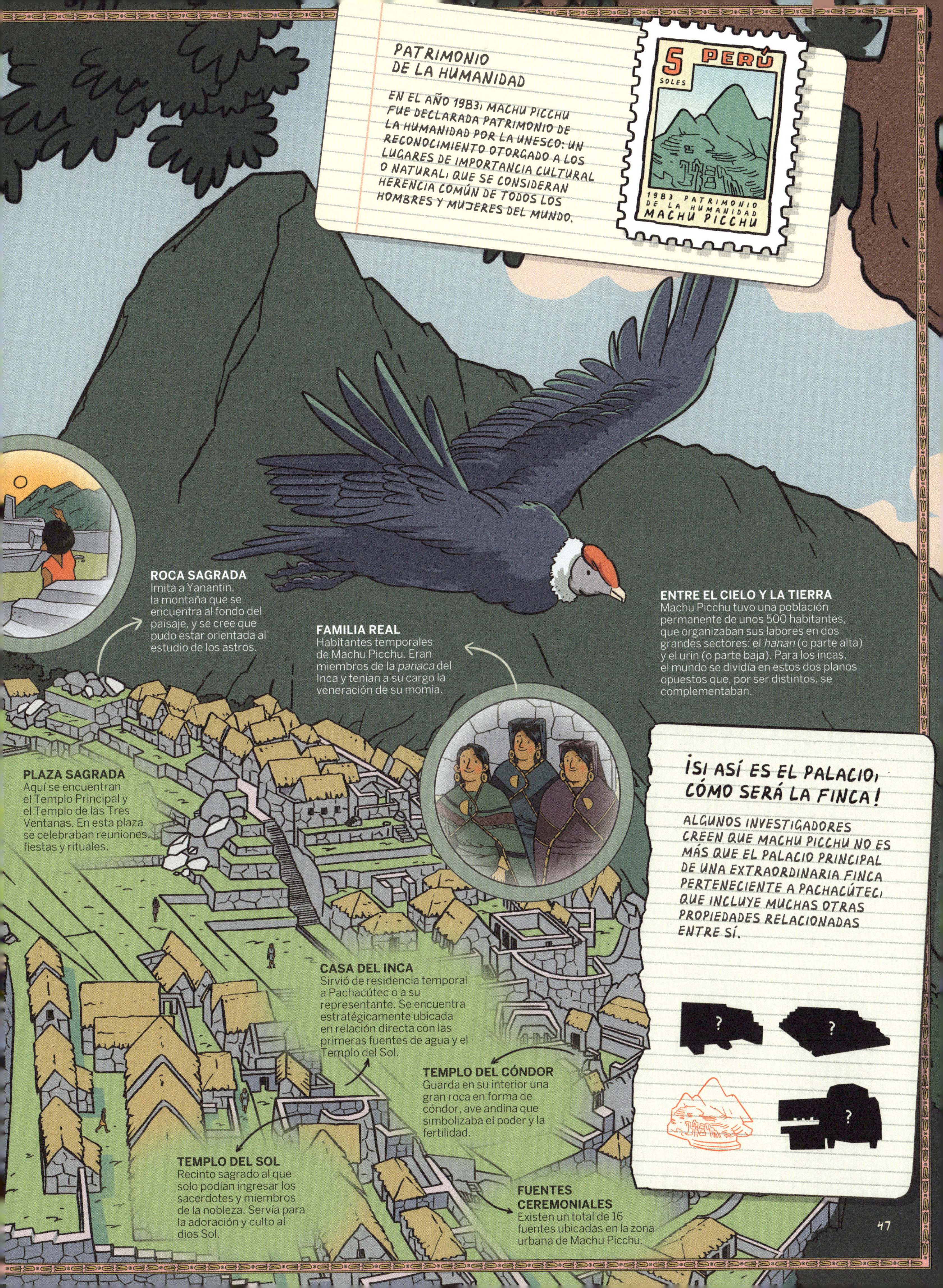

PATRIMONIO DE LA HUMANIDAD

EN EL AÑO 1983, MACHU PICCHU FUE DECLARADA PATRIMONIO DE LA HUMANIDAD POR LA UNESCO: UN RECONOCIMIENTO OTORGADO A LOS LUGARES DE IMPORTANCIA CULTURAL O NATURAL, QUE SE CONSIDERAN HERENCIA COMÚN DE TODOS LOS HOMBRES Y MUJERES DEL MUNDO.

ROCA SAGRADA
Imita a Yanantin, la montaña que se encuentra al fondo del paisaje, y se cree que pudo estar orientada al estudio de los astros.

FAMILIA REAL
Habitantes temporales de Machu Picchu. Eran miembros de la *panaca* del Inca y tenían a su cargo la veneración de su momia.

ENTRE EL CIELO Y LA TIERRA
Machu Picchu tuvo una población permanente de unos 500 habitantes, que organizaban sus labores en dos grandes sectores: el *hanan* (o parte alta) y el urin (o parte baja). Para los incas, el mundo se dividía en estos dos planos opuestos que, por ser distintos, se complementaban.

PLAZA SAGRADA
Aquí se encuentran el Templo Principal y el Templo de las Tres Ventanas. En esta plaza se celebraban reuniones, fiestas y rituales.

¡SI ASÍ ES EL PALACIO, CÓMO SERÁ LA FINCA!

ALGUNOS INVESTIGADORES CREEN QUE MACHU PICCHU NO ES MÁS QUE EL PALACIO PRINCIPAL DE UNA EXTRAORDINARIA FINCA PERTENECIENTE A PACHACÚTEC, QUE INCLUYE MUCHAS OTRAS PROPIEDADES RELACIONADAS ENTRE SÍ.

CASA DEL INCA
Sirvió de residencia temporal a Pachacútec o a su representante. Se encuentra estratégicamente ubicada en relación directa con las primeras fuentes de agua y el Templo del Sol.

TEMPLO DEL CÓNDOR
Guarda en su interior una gran roca en forma de cóndor, ave andina que simbolizaba el poder y la fertilidad.

TEMPLO DEL SOL
Recinto sagrado al que solo podían ingresar los sacerdotes y miembros de la nobleza. Servía para la adoración y culto al dios Sol.

FUENTES CEREMONIALES
Existen un total de 16 fuentes ubicadas en la zona urbana de Machu Picchu.

¿Cómo llegaron los españoles al Perú?

A finales del siglo XV, en el Reino de España, un navegante genovés llamado Cristóbal Colón fue contratado por los reyes para encontrar una nueva ruta hacia las Indias Orientales. Como estaba previsto, cruzó el océano Atlántico..., pero llegó hasta un grupo de islas que no aparecían en ningún mapa. Para sorpresa de todos, el archipiélago resultó ser lo que más tarde se llamaría América, un continente cuya existencia era desconocida para los europeos.

Tras la llegada de Colón en 1492, otros navegantes y aventureros arribaron también a estas tierras en busca de fama y fortuna. Por aquel entonces, cruzar grandes océanos era una tarea llena de peligros. A pesar de los avances tecnológicos y científicos que se vivían en Europa, los mapas seguían siendo poco confiables, nadie sabía cuántos continentes existían ni dónde estaban ubicados, y se imaginaban que más allá del territorio conocido habitaban terribles bestias y seres fantásticos.

Uno de esos aventureros fue Francisco Pizarro, soldado veterano y admirador de Colón, nacido en España. Estando en Panamá, luego del descubrimiento del mar del Sur —hoy, océano Pacífico—, escuchó que existía un reino de infinitas riquezas llamado Birú (Perú). Se asoció con otros dos españoles —el soldado Diego de Almagro y el clérigo Hernando de Luque— y formaron una empresa para hallarlo y conquistarlo.

El 14 de noviembre de 1524, Pizarro partió en su primer viaje a bordo del navío *Santiago*. En ese momento no lo sabía, pero le esperaban dos viajes más y algunas dificultades antes de lograr su objetivo. Tras muchos sacrificios, ocho años después, llegaría por fin al Imperio de los incas.

LA TRIPULACIÓN

APROXIMADAMENTE 110 HOMBRES ARMADOS INICIARON ESTA EXPEDICIÓN JUNTO CON PIZARRO. EN EL CAMINO, VARIOS PERDIERON LA VIDA. SIN EMBARGO, LUEGO LLEGARON REFUERZOS: SOLDADOS, CABALLOS, PERROS DE GUERRA, ESCLAVOS INDÍGENAS DE NICARAGUA Y GUINEA E INCLUSO NATIVOS TUMBESINOS.

Amor por las especias

A los europeos les encantaban las especias, como la canela, la nuez moscada y la pimienta. Esta última había que conseguirla en Asia y era muy cara y apreciada. La búsqueda de nuevas rutas para conseguir especias a un mejor precio motivó los primeros grandes viajes de exploración que emprendieron.

LA TRATA DE ESCLAVOS

UNA DE LAS CONSECUENCIAS MÁS TERRIBLES DE LAS EXPEDICIONES EUROPEAS FUE EL COMERCIO DE ESCLAVOS. MÁS DE 10 MILLONES DE HOMBRES, MUJERES Y NIÑOS FUERON CAPTURADOS EN ÁFRICA Y VENDIDOS EN EL RESTO DEL MUNDO. MUCHOS DE ELLOS TERMINARON EN AMÉRICA TRAS LOS VIAJES DE INVASIÓN Y FUERON OBLIGADOS A TRABAJAR EN CONDICIONES BRUTALES. NUNCA DEJARON DE LUCHAR POR SU LIBERTAD, PERO PASARON VARIOS SIGLOS HASTA QUE LA CONSIGUIERON. LA ESCLAVITUD FUE ABOLIDA EN EL PERÚ EN 1854.

ANIMALES GUERREROS

LOS ESPAÑOLES TRAJERON CABALLOS PARA AVANZAR POR TIERRA Y PERROS DE GUERRA —ALANOS Y LEBRELES— PARA ATACAR A LOS NATIVOS QUE SE ENFRENTABAN CON ELLOS Y RESGUARDAR SUS CAMPAMENTOS.

LOS VIAJES DE PIZARRO
EN LA BÚSQUEDA DE UN REINO DE INCALCULABLES RIQUEZAS AL SUR DE PANAMÁ, PIZARRO EMPRENDIÓ LA AVENTURA QUE LO LLEVARÍA AL ENCUENTRO DEL IMPERIO INCA.
PRIMER VIAJE
I
1524-1525 PIZARRO Y SUS HOMBRES DESEMBARCAN EN PUERTO PIÑAS (COLOMBIA), PERO NO ENCUENTRAN ORO. SIGUEN SU CAMINO Y LLEGAN HASTA SAN TELMO, PUERTO ESPERANZA Y RÍO DE LA ESPERA. NATIVOS COSTEÑOS LOS ATACAN Y DEJAN VARIOS MUERTOS Y HERIDOS. ALMAGRO VA EN BUSCA DE REFUERZOS, Y LOS DEMÁS SE QUEDAN ESPERÁNDOLO.
SEGUNDO VIAJE
II
1526-1527 LLEGAN LOS REFUERZOS Y ZARPAN CON APROXIMADAMENTE 110 SOLDADOS. REGRESAN Y QUEMAN LAS CASAS DE LOS NATIVOS QUE LOS ATACARON. AL NO HABER ENCONTRADO ORO, RECIBEN ÓRDENES DE PONER FIN A LA EXPEDICIÓN. EN LA ISLA DEL GALLO, SOLO 13 HOMBRES DECIDEN QUEDARSE CON PIZARRO Y CONTINUAR EL VIAJE: EL RESTO DESERTA. LLEGAN HASTA TUMBES Y ENCUENTRAN PRUEBAS DE UN GRAN IMPERIO: LA REGIÓN DE LOS CHIMÚS EXHIBÍA CIVILIZACIÓN Y RIQUEZAS. PIZARRO REGRESA A ESPAÑA Y PIDE LA PROTECCIÓN DE LA CORONA PARA INICIAR LA CONQUISTA.
CAJAMARCA
PIURA
CUZCO
TERCER VIAJE
III
1531-1532 PARTEN CON 180 SOLDADOS Y 37 CABALLOS. ENCUENTRAN UN BOTÍN EN EL NORTE DE ECUADOR, PERO ALGUNOS ESPAÑOLES SE ENFERMAN DE VERRUGA Y MUEREN. MIENTRAS TANTO, LLEGAN REFUERZOS Y FUNCIONARIOS DEL REY QUE SE SUMAN AL VIAJE. SE QUEDAN CUATRO MESES EN LA ISLA DE PUNÁ, DONDE SE ENFRENTAN A LOS INDÍGENAS Y RECIBEN MÁS REFUERZOS. AVANZAN Y ENCUENTRAN EL CAMINO QUE LLEVA A CAJAMARCA, LLEGANDO ASÍ AL IMPERIO INCA.
GRANDES CAMBIOS
LA CURIOSIDAD DE LOS EUROPEOS SE VIO ALIMENTADA POR LOS RELATOS Y LAS NOVEDADES DE LAS GRANDES EXPEDICIONES. ANIMALES COMO LAS LLAMAS Y ALIMENTOS COMO EL CACAO, PROVENIENTES DE TIERRAS REMOTAS Y DESCONOCIDAS, LLEGARON POR PRIMERA VEZ AL VIEJO CONTINENTE. EN ESA ÉPOCA, TAMBIÉN SE HICIERON ASOMBROSOS DESCUBRIMIENTOS CIENTÍFICOS, COMO LA LEY DE LA GRAVEDAD, Y APARECIERON VARIOS ELEMENTOS QUÍMICOS NUEVOS. [VER PÁGINAS 6 Y 7]
PRIMEROS ENCUENTROS
EN 1526, ENVIADO POR FRANCISCO PIZARRO EN UN VIAJE DE EXPLORACIÓN AL SUR, BARTOLOMÉ RUIZ DIVISÓ UNA BALSA DE GRAN TAMAÑO, TAN GRANDE QUE PENSÓ QUE SE TRATABA DE UNA CARABELA PORTUGUESA. LOS ESPAÑOLES SE IMPRESIONARON AL VER QUE ESTABA TRIPULADA POR INDÍGENAS QUE COMERCIABAN DIVERSOS PRODUCTOS, DESDE LANA DE CAMÉLIDOS HASTA OBJETOS DE ORO Y CERÁMICA.

UN RUMOR FATAL
Aunque Atahualpa estaba preso y el Imperio se encontraba en crisis, el ejército que lo apoyaba seguía siendo una gran amenaza para los invasores. Por eso, cuando llegó el rumor de que una enorme tropa se acercaba al campamento español para liberar al Inca, Pizarro tomó la decisión de ejecutarlo. Lo extraño es que el supuesto ejército jamás apareció.

LAS ARMAS DE LA CONQUISTA
Los españoles se enfrentaron a los incas protegidos con armaduras de hierro, portando arcabuces y armados de cañones de gran poder destructivo. Sin embargo, aunque la pólvora fue un elemento importante en las batallas, las "armas" más valiosas de los invasores fueron los perros y, sobre todo, los caballos.

La caída del Tahuantinsuyo

¿Qué significó para el Imperio inca la llegada de los españoles? Para comenzar, ¡muchos problemas! Pero las dificultades se iniciaron mucho antes. Los virus y gérmenes que habían viajado con los europeos a Centroamérica resultaron muy contagiosos y se propagaron con rapidez hacia la región andina, convirtiéndose en epidemias mortales. Se cree que el inca Huayna Cápac —quien enfermó y murió en apenas cuatro días— fue una de sus primeras víctimas. Cuando Pizarro y sus hombres iniciaron la invasión del Perú, en 1532, miles de indígenas habían perdido la vida a causa de este encuentro fatal con enfermedades como la viruela y el sarampión.

Con el ejército imperial debilitado por las epidemias, era difícil controlar el descontento de varios pueblos andinos que formaban parte del Tahuantinsuyo. Los españoles aprovecharon esa oportunidad y se aliaron con ellos en contra de los incas: grupos como los huancas les ofrecieron guerreros y provisiones, y los guiaron a través de un territorio desconocido para las tropas invasoras.

Mientras tanto, la repentina muerte de Huayna Cápac creó un conflicto entre sus hijos Huáscar (del Cuzco) y Atahualpa (radicado en Quito), ya que ambos deseaban gobernar el Imperio. Este enfrentamiento creó un desorden tremendo y ocasionó la muerte de cientos de guerreros y mandos militares incaicos. Para colmo de males, Atahualpa fue apresado por Pizarro el 16 de noviembre de 1532. Desde su celda, ordenó a sus hombres que acabaran con la vida de su hermano, y fue así como los grupos leales a Huáscar también se unieron a los invasores.

Aunque se considera que la captura de Atahualpa marcó el principio del fin del Tahuantinsuyo, los incas siguieron enfrentándose a los españoles durante 40 años más. Y las rebeliones —grandes y pequeñas— continuaron a lo largo de toda la Colonia.

HERMANOS Y RIVALES
De poco les sirvió a los hermanos aspirantes a Inca el estar enfrentados. Tras la muerte de Huáscar, ordenada por Atahualpa, este último también fue ejecutado por Francisco Pizarro. Y, al final, ambos bandos cayeron en manos de los españoles. ¡Es mejor llevarse bien con la familia!

LA CAPTURA DE ATAHUALPA

Las crónicas españolas del encuentro entre Pizarro y Atahualpa en la ciudad de Cajamarca son muy conocidas. Cuentan que el padre Valverde se acercó al Inca y le ofreció la Biblia, un libro sagrado para los invasores. Atahualpa arrojó la Biblia al suelo y, como consecuencia de este desaire, fue hecho prisionero. Un relato menos conocido de lo que sucedió ese día es el que Tito Cusi Yupanqui, sobrino de Atahualpa, contó a fray Marcos García en 1570: antes de recibir la Biblia, el Inca ofreció a los españoles *aquillas* llenas de chicha, una bebida sagrada para los incas. Los hombres de Pizarro derramaron el contenido de los vasos sin comprender lo que este gesto significaba. Esto enfureció a Atahualpa, quien en ese momento tomó la decisión de tampoco aceptar lo que los españoles le ofrecieran.

RESCATE DE ORO Y PLATA

ATAHUALPA, EL INCA CAUTIVO OFRECIÓ A FRANCISCO PIZARRO UNA HABITACIÓN LLENA DE ORO Y DOS LLENAS DE PLATA COMO RESCATE, PARA QUEDAR EN LIBERTAD. LLEGARON A CAJAMARCA ENVÍOS DE TODAS PARTES DEL TAHUANTINSUYO Y SE LOGRÓ REUNIR UNA ENORME FORTUNA, PERO NO SE PUDO EVITAR LA MUERTE DE ATAHUALPA.

La resistencia inca

Tras la llegada de los españoles al Tahuantinsuyo, muchas cosas cambiaron en la vida de los habitantes del Imperio. Pizarro y sus hombres fundaron nuevas ciudades en Piura, Jauja y Cuzco; los templos y adoratorios fueron destruidos o saqueados por los invasores; y las distintas poblaciones se vieron obligadas a trabajar para ellos. Sin embargo, los hijos y nietos de Huayna Cápac se resistieron con tenacidad a la destrucción de su cultura y al dominio del poder español.

Luego de la muerte de Huáscar y Atahualpa, otro de sus hermanos fue reconocido por los conquistadores como el nuevo gobernante del Imperio. Su nombre era Manco Inca y, en un principio, se llevaba bastante bien con los recién llegados. Pizarro pensó que sería fácil controlarlo, pero cuando no consiguió de él todo el oro que quería, dio por terminada su alianza. Manco Inca fue apresado y tuvo que prometer mayores riquezas a sus captores para poder escapar. Organizó entonces una gran rebelión contra los invasores y —según el cronista Pedro Pizarro— logró cercar el Cuzco con alrededor de 200 000 hombres en 1536.

Por un lado, estaba el ejército del Inca y, por el otro, el ejército español, al que se sumaron miles de grupos indígenas que no estaban conformes con los incas. Tras varios meses de luchas , los grupos leales a Manco Inca fueron derrotados en Sacsayhuamán.

Sin embargo, el Inca y sus seguidores lograron refugiarse en el poblado de Vilcabamba y continuaron resistiéndose a los españoles. Tras la muerte de Manco Inca, sus hijos Sayri Túpac, Titu Cusi Yupanqui y Túpac Amaru I fueron proclamados Incas, uno tras otro, y gobernaron desde Vilcabamba por más de 40 años. En distintos momentos, ellos negociaron y también lucharon con los conquistadores para recomponer la soberanía inca. Finalmente, Túpac Amaru I —el último líder de la resistencia inca— fue capturado y ejecutado en 1572.

LAS APARIENCIAS ENGAÑAN A MANCO INCA

Al igual que las *panacas* —familias descendientes de los anteriores Incas—, Manco Inca confundió a Pizarro con el dios Wiracocha. Por ello, decidió ayudar a los españoles y hacerse su aliado, aunque después se rebeló contra ellos.

PELEA ENTRE CONQUISTADORES

MIENTRAS TANTO, DISTINTOS BANDOS ESPAÑOLES COMENZARON A PELEARSE POR EL CONTROL DEL PERÚ. EN 1541, FRANCISCO PIZARRO FUE ASESINADO POR PARTIDARIOS DE DIEGO DE ALMAGRO, QUIEN FUERA SU SOCIO EN LA CONQUISTA DE NUEVOS TERRITORIOS. CINCO AÑOS DESPUÉS, GONZALO PIZARRO —MEDIO HERMANO DE FRANCISCO— LOGRÓ ACABAR CON LA VIDA DEL ENTONCES VIRREY DEL PERÚ, POR LO QUE FUE APRESADO Y CONDENADO A MUERTE.

* Ilustración basada en *La muerte de Pizarro*. 1885. Ramón Muñiz. Colección Museo de Arte de Lima.

LA VASIJA DE VILCABAMBA

EN LAS EXCAVACIONES ARQUEOLÓGICAS REALIZADAS EN EL SITIO DE ESPÍRITU PAMPA, VILCABAMBA, ENTRE EL 2009 Y 2010, SE ENCONTRARON FRAGMENTOS DE UNA EXTRAORDINARIA VASIJA. SOBRE LOS FRAGMENTOS ESTÁ PINTADA UNA ESCENA QUE MUESTRA EL ENFRENTAMIENTO ENTRE ESPAÑOLES E INDÍGENAS, CON SUS ARMAS, PRENDAS Y ANIMALES, ASÍ COMO SÍMBOLOS INCAS. LOS INVESTIGADORES QUE LA HAN ESTUDIADO CREEN QUE NO ES LA REPRESENTACIÓN DE UNA BATALLA ESPECÍFICA, SINO UNA VISIÓN INCA DEL FUTURO, EN LA QUE LOS NATIVOS LOGRAN POR FIN DERROTAR A SUS INVASORES.

* Ilustración y referencias tomadas del artículo *Los fragmentos de Vilcabamba*, de Artzi, Nir y Fonseca Santa Cruz. 2019. Dibujo: Arturo Rivera Infante.
* En esta imagen aparece únicamente la mitad de todo el dibujo.

PARA BRAVOS, LOS INCAS
Cuentan los cronistas que el ejército de la resistencia inca solo luchaba en noches de luna llena. Cuando atacaban, daban unos alaridos tan tremendos y tocaban sus trompetas de caracola o pututos con tanta fuerza, que hacían temblar la tierra. También hacían temblar a los españoles, ¡pero de espanto!

UNA REGIÓN IMPENETRABLE

ASÍ VEÍA MANCO INCA AL POBLADO DE VILCABAMBA, UNA ZONA LLENA DE VEGETACIÓN UBICADA EN LA SELVA PROFUNDA DEL CUZCO. POR ESO, DECIDIÓ REFUGIARSE AHÍ PARA REORGANIZAR A SUS GUERREROS Y SEGUIR ENFRENTANDO A LOS INVASORES. HASTA ESE MOMENTO, LOS ESPAÑOLES NO HABÍAN LOGRADO INGRESAR A LA REGIÓN.

LA RESISTENCIA SILENCIOSA
A pesar de que los españoles impusieron la religión católica y prohibieron las prácticas religiosas nativas, miles de pobladores indígenas continuaron venerando a sus dioses ancestrales. Ni la destrucción de las huacas ni los severos castigos de los invasores impidieron que los indígenas encontraran la manera de mantener sus costumbres religiosas, muchas veces en secreto.

REBELDES Y TRAICIONEROS

CERCA DE 1544, MANCO INCA DIO REFUGIO A UN GRUPO DE ESPAÑOLES QUE SE HABÍAN REBELADO CONTRA EL REY DE ESPAÑA. A PESAR DE QUE LOS RECIBIÓ EN SU CASA Y LOS TRATÓ BIEN, ELLOS SE CANSARON DE SU VIDA EN EL DESTIERRO Y LO MATARON CON LA ESPERANZA DE GANARSE EL PERDÓN DEL REY.

Los incas según las crónicas

Desde los primeros viajes de Pizarro hacia el famoso reino de Birú (Perú), aventureros, soldados y religiosos se dedicaron a la labor de escribir sobre todo lo que estaba ocurriendo. Al principio, la historia de las expediciones y la ocupación del territorio inca se contaba mediante cartas que escribían los conquistadores. Pero había tantos sucesos por contar que, muy pronto, comenzaron a publicarse libros llamados "crónicas", en los que se narraban las hazañas de los españoles y las cosas asombrosas que encontraron en los Andes.

Los primeros cronistas en escribir sobre los incas y la conquista del Tahuantinsuyo eran europeos. Pero, desde finales del siglo XVI, indígenas, mestizos y criollos escribieron su propia versión de los hechos. Uno de los más importantes fue Felipe Guamán Poma de Ayala, quien acompañó sus escritos con ilustraciones para explicar la historia de sus antepasados: desde los orígenes del Imperio hasta la Colonia. ¡Necesitó más de 1000 páginas para contarlo todo!

En su *Nueva corónica y buen gobierno*, Guamán Poma se presenta como descendiente de la nobleza inca y pide al rey de España que solucione los problemas en el virreinato peruano. Se queja de la avaricia y la crueldad de los funcionarios españoles y de los sacerdotes corruptos, pero también de los mestizos e indígenas que se comportaban de manera abusiva con sus pares. Si el manuscrito llegó finalmente a manos del rey o no, es un misterio. Tuvieron que pasar 300 años hasta que la obra fue encontrada y publicada por fin en París (Francia), convirtiéndose en uno de los documentos más importantes de la historia del Perú y de la humanidad.

FELIPE GUAMÁN POMA DE AYALA

Nació en Huamanga entre los años 1530 y 1550, cerca de la fecha de la invasión española. Fue hijo de Guamán Mallqui y Curi Ocllo. Según el cronista, su padre fue "segunda persona del Inca" y su madre, hermana de Huayna Cápac. Empezó a escribir y dibujar la *Nueva corónica* alrededor de las últimas décadas del siglo XVI, con la esperanza de mejorar la vida de la población andina.

NUEVA CORÓNICA Y BUEN GOBIERNO DE FELIPE GUAMÁN POMA DE AYALA

HISTORIA ILUSTRADA DE LOS INCAS DE FRAY MARTÍN DE MURÚA

UNA HISTORIA, DOS CRONISTAS

FRAY MARTÍN DE MURÚA FUE UN SACERDOTE Y CRONISTA ESPAÑOL NACIDO EN 1540. CONOCIÓ EN EL CUZCO A FELIPE GUAMÁN POMA DE AYALA, QUIEN TRABAJÓ PARA ÉL ILUSTRANDO SU LIBRO *HISTORIA ILUSTRADA DE LOS INCAS*. PERO GUAMÁN POMA SE PELEÓ CON MURÚA HACIA 1604 Y DECIDIÓ ESCRIBIR Y DIBUJAR SU PROPIA CRÓNICA: POR ESO, LA OBRA DE AMBOS AUTORES ES MUY SIMILAR. EN SU LIBRO, EL CRONISTA ANDINO ACUSA AL ESPAÑOL DE TRATAR MAL A LOS NATIVOS Y DE LLEVAR UNA VIDA POCO CRISTIANA. ADEMÁS, CRITICA SU MANERA DE CONTAR LA HISTORIA DE LOS INCAS.

PERDIDO Y ENCONTRADO

POR DESGRACIA, GUAMÁN POMA NO VIVIÓ PARA VER EL ÉXITO DE SU TRABAJO. LA *NUEVA CORÓNICA* ESTUVO TOTALMENTE OLVIDADA HASTA 1909, CUANDO FUE "DESCUBIERTA" EN LA BIBLIOTECA REAL DE COPENHAGUE (DONDE PERMANECE HASTA HOY). PERO ¿CÓMO LLEGÓ A PARAR AHÍ? SE CREE QUE CORNELIUS LERCHE, EMBAJADOR DANÉS EN ESPAÑA, LA CONSIGUIÓ CERCA DEL AÑO 1650, CUANDO COMPRÓ UNA PARTE DE LA BIBLIOTECA DEL CONDE-DUQUE DE OLIVARES. ¡POR POCO Y SE PIERDE!

BIBLIOTECA REAL DE COPENHAGUE

EL CRONISTA ANDINO
Autor, artista, traductor, intérprete, lector... ¡Guamán Poma fue un hombre muy talentoso! Su medio hermano, el sacerdote mestizo Martín de Ayala, le enseñó castellano, latín, historia universal y también religión. Esto le permitió trabajar como asistente de iglesia y funcionario del régimen colonial.

LA MUJER COMO PROTAGONISTA
A diferencia de muchos autores de su tiempo, a Guamán Poma le interesaba contar la historia de las mujeres tanto como la de los hombres. En sus dibujos, representa mujeres de la realeza incaica y acllas (mujeres escogidas), pero también campesinas y trabajadoras, jóvenes y ancianas.

LOS INCAS SEGÚN GUAMÁN POMA
Guamán Poma utiliza todos sus conocimientos sobre el mundo y la cultura europea para escribir su obra. Por ello, combina relatos del mundo andino con enseñanzas religiosas, y se reconoce a sí mismo como cristiano. Además, presenta una versión pacífica de la Conquista, en la que los incas —es decir, sus antepasados— no se opusieron a los españoles, sino que aceptaron someterse a ellos de buena fe. Después de todo, quería entregar su libro al rey de España, así que usó sus mejores argumentos para convencerlo de favorecer a sus súbditos peruanos.

UNA SOCIEDAD DESIGUAL

DURANTE LA COLONIA, NO TODAS LAS PERSONAS TENÍAN LOS MISMOS DEBERES Y DERECHOS. LA CORONA ESPAÑOLA DECIDIÓ ORGANIZAR A LA POBLACIÓN EN DOS GRANDES GRUPOS: LA "REPÚBLICA DE ESPAÑOLES" (FORMADA POR LOS NACIDOS EN ESPAÑA Y SUS DESCENDIENTES) Y LA "REPÚBLICA DE INDIOS" (INTEGRADA POR LA POBLACIÓN NATIVA). ¡EL NUEVO ORDEN ERA MUY DESIGUAL! SIN EMBARGO, NUNCA FUE TAN RÍGIDO, YA QUE MUCHAS PERSONAS LOGRABAN EVADIR ESTAS BARRERAS.

La vida en el virreinato peruano

Los primeros años de la Colonia fueron muy inestables y de grandes cambios, sobre todo para los antiguos habitantes del Tahuantinsuyo, pero también para los españoles. Por eso, cuando terminaron las peleas entre los conquistadores, y fue derrotado el último Inca de Vilcabamba (1571), el virrey Francisco de Toledo dictó normas para asegurar el dominio total de la Corona en el virreinato del Perú.

Con estas medidas, la vida cotidiana en la Colonia comenzó a tomar forma y se estableció un nuevo orden. La población nativa fue forzada a dejar sus hogares y mudarse a ciudades llamadas "reducciones", y se crearon dos grupos distintos: la república de españoles, que tenía mayores privilegios, y la república de indios, que debía servir a los españoles.

Aunque Toledo se esforzó en tratar de separar a españoles e indígenas, estos nunca dejaron de estar en contacto. Surgió así una sociedad con una gran complejidad cultural, en la que confluían diversas tradiciones, incluyendo las de las varias etnias africanas que habían sido esclavizadas. Esta riqueza cultural se manifestó en el arte y en celebraciones populares, como fiestas religiosas y procesiones.

Una de las festividades más importantes de la época colonial fue la celebración del Corpus Christi en la ciudad del Cuzco, antigua capital del Imperio inca. La nobleza española participaba junto a la nobleza incaica, que vestía elegantes trajes de "incas coloniales". Los jefes de grupos como los cañaris y los chachapoyas eran considerados aliados de los conquistadores y defensores de la fe católica, y por eso desfilaban vestidos como "ángeles guerreros", mientras que los indios del común participaban como espectadores, cargadores o músicos.

La fiesta era un reflejo de la vida en el virreinato, donde los lujos y la riqueza de un grupo de personas convivían con la servidumbre de la mayoría indígena y la esclavitud de los nativos africanos.

TODO TIENE SU FINAL
Los fabulosos trajes de los alféreces incas, así como cualquier referencia a las grandezas del Tahuantinsuyo, quedaron prohibidos tras la rebelión de Túpac Amaru II en 1781. Las autoridades españolas no querían saber nada de los antiguos gobernantes y sospechaban de sus descendientes, así que la nobleza indígena perdió gran parte de sus privilegios.

LA NOBLEZA INDÍGENA
Durante la Colonia, los descendientes de los gobernantes incas gozaron de ciertos privilegios, que consiguieron adaptándose a las tradiciones españolas. Si demostraban que eran nobles y se bautizaban, se libraban de pagar tributos y hacer trabajos forzados. ¡Era muy conveniente ser cristiano!

EL ALFÉREZ REAL INCA
Las familias de la nobleza inca elegían un representante o alférez, quien tenía el privilegio de llevar puesta una versión colonial de la *mascaypacha*, que había sido un símbolo de la autoridad máxima del Tahuantinsuyo: el Sapa Inca.

EL ALFÉREZ CAÑARI
Grupos como los cañaris y los chachapoyas tenían una posición privilegiada dentro de la república de indios, ya que se aliaron con los conquistadores desde el principio. Se les permitía usar armas de fuego y estaban al servicio de la Corona. Durante la fiesta del Corpus Christi, el alférez cañari era la contraparte militar del alférez real inca.

LAS PINTURAS DEL CORPUS CHRISTI

LA IGLESIA CATÓLICA LLEGÓ A AMÉRICA CON LA TAREA DE CONVERTIR A LOS INDÍGENAS EN CRISTIANOS. POR ESO, APOYÓ LA DIFUSIÓN DE IMÁGENES RELIGIOSAS —VÍRGENES, CRISTOS, SANTOS, PROCESIONES— COMO UNA MANERA DE EXTENDER LA FE. ES EL CASO DE UN GRUPO DE CUADROS QUE REPRESENTAN LA FIESTA DEL CORPUS CHRISTI EN EL CUZCO. LOS INVESTIGADORES CREEN QUE LOS AUTORES DE ESTAS PINTURAS FUERON ARTISTAS NATIVOS, QUIENES RETRATARON A VARIAS AUTORIDADES ANDINAS LUCIENDO EMBLEMAS INCAICOS CON MUCHO ORGULLO. LA IGLESIA PERMITÍA ESTAS REPRESENTACIONES PARA QUE LOS INDÍGENAS SE IDENTIFIQUEN MÁS FÁCILMENTE CON LA RELIGIÓN CATÓLICA. POR SU PARTE, LA NOBLEZA INDÍGENA LAS USÓ PARA REAFIRMAR SU ESTATUS DENTRO DEL NUEVO ORDEN COLONIAL.

DETALLE DE UNA PINTURA DEL CORPUS CHRISTI, QUE PUEDE ENCONTRARSE EN EL MUSEO DE ARTE RELIGIOSO DEL CUZCO.

AUTOR: ANÓNIMO.
TÉCNICA: ÓLEO SOBRE LIENZO.

* Ilustración basada en *Matrimonios de Martín de Loyola con Beatriz Ñusta y de Juan de Borja con Lorenza Ñusta de Loyola*. 1718. Anónimo. Museo Pedro de Osma.

LAS COFRADÍAS
Llevar en hombros las representaciones de vírgenes y santos durante la fiesta del Corpus Christi era una tarea muy dura, ¡pero también se consideraba un honor!

EL CLERO
Ser religioso estaba bien visto durante la Colonia. Por ello, muchos españoles del común elegían convertirse en monjes o sacerdotes con el fin de mejorar su estatus.

LA NOBLEZA ESPAÑOLA
Estaba integrada por españoles y criollos. Por lo general, eran hacendados, ricos mercaderes, dueños de alguna mina o de un obraje (centro de producción textil). Solían tener títulos nobiliarios, como "marqués" o "conde".

LOS AFRICANOS Y SUS DESCENDIENTES
Llegaron con los europeos y fueron un complemento de la república de españoles. Con el paso de los años, aún durante la Colonia, algunos lograron pagar su libertad. Su fuerza de trabajo fue muy importante para la economía virreinal.

UNA BODA ENTRE DOS NOBLEZAS
Algunos miembros de la nobleza española se unieron en matrimonio con la nobleza inca. El más famoso de estos enlaces fue el de Beatriz Ñusta —sobrina del inca Túpac Amaru I—y el capitán español Martín de Loyola —sobrino de San Ignacio de Loyola—, que fue pintado en un gran lienzo por encargo de la orden jesuita, en la iglesia de la Compañía (en el Cuzco), en 1741.

La memoria de los incas hoy

A lo largo del tiempo, los incas han despertado la imaginación de todas las personas que han conocido su historia y sus tradiciones. Aparecen en libros, películas, canciones, obras de arte, moda y hasta en el nombre de una bebida peruana muy famosa. Su memoria se encuentra en los monumentos arqueológicos que han resistido el paso de los siglos y en las piezas que guardan los museos, pero también en tradiciones que se han vuelto a inventar y se mantienen vivas, como el Inti Raymi: la fiesta más importante de la ciudad del Cuzco.

Desde 1944, cada 24 de junio, la población cuzqueña participa en la presentación de una gran obra a la que asisten decenas de miles de personas. En quechua, Inti Raymi significa Fiesta del Sol, y es en el Coricancha —o Templo del Sol— donde se inician los festejos, que continúan luego en la Plaza de Armas y terminan en la fortaleza de Sacsayhuamán, escenario principal del evento. Durante las siete horas que dura la fiesta, unos 800 actores cuzqueños representan a los antiguos habitantes del Tahuantinsuyo y sus máximas figuras de autoridad: el Sapa Inca y la coya.

Cargado en andas por ocho personas y acompañado por un formidable séquito de guerreros, danzantes, doncellas y sacerdotes, el Inca se desplaza de un lado a otro para hacer ofrendas rituales. Hojas de coca, alpacas y llamas, entre otras cosas, se ofrecen al dios Sol a cambio de buenas cosechas y bienestar para la población. Aunque no se sabe exactamente cómo era el Inti Raymi en la época del Tahuantinsuyo, esta nueva versión se inspira en los textos de Garcilaso de la Vega y en el deseo de rescatar una tradición ancestral que, así como los incas, se ha convertido en símbolo de la identidad peruana.

EL PAÍS DE LOS INCAS
Tras el fin del virreinato, los incas fueron considerados reyes de un antiguo Perú independiente, que había perdido su libertad con la invasión española y que recuperaba su autonomía con la República. Esta manera de entender a los incas sentó las bases para convertirlos en un símbolo de la identidad peruana.

LOS INCAS EN LA GASTRONOMÍA MUNDIAL

LA COCINA PERUANA ES RECONOCIDA COMO UNA DE LAS MÁS SOFISTICADAS Y DIVERSAS. SU APORTE A LAS MESAS DEL MUNDO ENTERO INCLUYE 2500 VARIEDADES DE PAPAS, 50 VARIEDADES DE MAÍZ, CEREALES COMO LA QUINUA, LA QUIHUICHA Y LA CAÑIHUA, Y MÁS DE 2000 TIPOS DE CAMOTE: TODOS ESTOS INSUMOS FUERON IMPORTANTES EN LA DIETA DE LOS HABITANTES DEL IMPERIO.

LA PAPA

Museo Neo-Inka de Susana Torres

* Ilustración basada en obra *Museo Neo-Inka*. 1999-2011. Colección Museo de Arte de Lima.

Nudo de Jorge Eduardo Eielson

* Ilustración basada en obra *Nudo*. 1973. Jorge Eielson. Colección Museo de Arte de Lima.

LOS INCAS EN EL ARTE Y EL DISEÑO CONTEMPORÁNEO

EL IMPERIO INCA Y LOS DISEÑOS PRECOLOMBINOS TAMBIÉN HAN INSPIRADO DISTINTAS OBRAS DE ARTE CONTEMPORÁNEO. EL POETA Y ARTISTA PLÁSTICO JORGE EDUARDO EIELSON (1924-2006) DISEÑÓ SUS FAMOSOS "NUDOS" EN REFERENCIA A LOS ANCESTRALES QUIPUS. ELENA IZCUE (1889-1970) RESCATÓ IMÁGENES Y SÍMBOLOS PREHISPÁNICOS PARA APLICARLOS AL ARTE DECORATIVO. MIENTRAS QUE SUSANA TORRES (LIMA, 1969) OBSERVA LA CULTURA INCAICA A TRAVÉS DEL ARTE POP EN SU OBRA MUSEO NEO-INKA.

ESTILO ANDINO

LOS HEREDEROS DE LA TRADICIÓN TEXTIL INCA NO SON POCOS, TANTO A NIVEL NACIONAL COMO INTERNACIONAL. ENTRE LOS MÁS DESTACADOS ESTÁN LA RECONOCIDA TEJEDORA NILDA CALLAÑAUPA, QUIEN FUNDÓ EL CENTRO DE TEXTILES TRADICIONALES DEL CUZCO CON LA FINALIDAD DE PRESERVAR LA TRADICIÓN DE TEJIDO HECHO A MANO Y DE ESTABLECER ASOCIACIONES DE TEJEDORES EN LAS COMUNIDADES DE LA REGIÓN. SAÚL ABEL CCARITA HA RECUPERADO, ENTRE OTRAS COSAS, LA TRADICIÓN DE TEJER TOCAPUS. DISEÑADORES COMO MERCEDES CORREA O CHIARA MACHIAVELLO, DE LA MARCA ESCVDO TAMBIÉN SE HAN INSPIRADO EN EL LEGADO TEXTIL ANCESTRAL INCA PARA SUS ESPECTACULARES DISEÑOS. TITI GIULFO, POR EJEMPLO, FUE UNA DE LAS PRIMERAS DISEÑADORAS EN RECUPERAR EL TELAR DE CINTURA. Y A NIVEL INTERNACIONAL, POR EJEMPLO, EL CÉLEBRE JOHN GALLIANO, PRESENTÓ EN EL 2005 SU COLECCIÓN PARA LA CASA DE MODA DIOR INSPIRADA EN LA VESTIMENTA DEL CUZCO INCAICO Y COLONIAL.

POLLERAS PARA TODOS LOS GUSTOS
Las hermosas polleras andinas, que hoy se lucen en trajes regionales y colecciones de ropa casual, son herederas de la antigua saya, propia de las cortes europeas del siglo XVI. Durante la Colonia, esta prenda se reprodujo con otras telas, aplicaciones de color, cintas, grecas y bordados de motivos andinos, que enriquecieron sus usos y generaron las variantes regionales que podemos apreciar hasta hoy.

FIBRAS ELEGANTES
La alpaca, la vicuña y el algodón nativo, principales insumos de los tejidos del antiguo Perú, han alcanzado las pasarelas internacionales de la mano de grandes diseñadores como Karl Lagerfeld, Marc Jacobs, Stefano Tisci o Carolina Herrera. Su valor, historia y calidad son reconocidos y apreciados en el mundo entero.

CANTAR EN QUECHUA

JÓVENES ARTISTAS PERUANOS COMO RENATA FLORES (HUAMANGA, 2001) Y LIBERATO KANI (LIMA, 1993) INTERPRETAN SUS CANCIONES EN QUECHUA SIGUIENDO LOS PASOS DE YMA SÚMAC (CAJAMARCA, 1922 – CALIFORNIA, 2008), LA SOPRANO PERUANA QUE LLEVÓ EL QUECHUA HASTA HOLLYWOOD. LA MÚSICA DE RENATA MEZCLA EL *TRAP* Y EL POP CON SONIDOS ANDINOS, MIENTRAS QUE LIBERATO KANI RAPEA Y HACE *HIP HOP*.

YMA SÚMAC

Glosario

Aquí te presentamos palabras quechuas, tanto en su versión castellanizada como en su versión original, así como su significado, para que puedas entender mejor el mundo inca.

Aclla/acllaconas [aklla/akllakuna].— Mujer o mujeres elegidas desde temprana edad para servir al Inca. Su vida estaba dedicada a producir los más finos textiles y a preparar chicha, la bebida ritual del Tahuantinsuyo.

Acllahuasi [akllawasi].— Recinto en el que vivían las acllas.

Aillu [ayllu].— Unidad o grupo de familias que se consideraba descendiente de un antepasado común y que habitaba un territorio con límites precisos.

Apu [apu].— Espíritu ancestral en forma de montaña, como Pumahuanca, Wañuymarca, Chumbivilcas y Ausangate.

Callanca [kallanka].— Construcción rectangular de gran tamaño con múltiples ingresos.

Cancha [kancha].— Recinto cercado, usualmente compuesto por edificios que rodean un patio o plaza.

Chaquitaclla [chakitaqlla].— Instrumento de labranza de origen andino que sirve para arar la tierra. También es conocido como arado de pie.

Chasqui [chaski].— Un mensajero, encargado de transmitir órdenes y noticias, en el Imperio inca.

Chipana [chipana].— Brazalete.

Chuspa [chuspa].— Pequeña bolsa tejida que los incas solían usar para guardar hojas de coca o pequeños amuletos.

Conopa [qonopa].— Miniaturas de plantas y animales elaboradas, sobre todo, de piedra, que son objeto de culto y aseguran la fertilidad y abundancia de las especies que representan.

Cumbi [cumbi/cumpi].— Telas con diseños de alta calidad elaboradas por los incas para uso exclusivo de las élites.

Cumbicamayoc [cumbikamayoq].— Maestros tejedores incaicos especializados, junto con las acllas, en la producción de *cumbis*.

Hanan [hanan].— En quechua, se refiere a lo elevado, lo alto o lo de arriba.

Huaca [wak'a].— Criatura, cosa o lugar sagrado (pueden ser, por ejemplo, santuarios, ídolos, templos, tumbas, momias, animales, lugares específicos, entre otros).

Llacolla [llacolla].— Prenda de vestir masculina similar a una capa.

Lliclla [lliklla].— Prenda de vestir femenina que cubre los hombros como una manta.

Mallqui [mallki].— Voz quechua que significa "planta", pero también aludía al ancestro o antepasado fundador de un aillu y de su territorio. Es por eso que Guamán Poma llama *mallquis* a las momias de los antiguos gobernantes incas.

Mamacona [mamakuna].— Mujer mayor encargada de instruir y cuidar a las jóvenes acllas. Vivían también en el *acllahuasi*.

Mascaypacha [maskaypacha].— Cordón tejido con hilos de oro y plumas de corequenque, que se colocaba en el tocado del Inca y era símbolo de su gran poder.

Muyu [muyu].— Círculo o circunferencia.

Paccha [paccha].— Fuente de agua empleada por los incas en ceremonias religiosas.

Panaca [panaqa].— Familias nobles, descendientes de los incas que gobernaron en el pasado.

Pututo [pututu].— Trompeta de caracola que usaban los chasquis y el ejército del Inca.

Quero [kero].— Vasos ceremoniales que se fabricaban en pareja y estaban hechos del mismo bloque de madera.

Quipucamayoc [khipukamayoq].— Funcionario del gobierno inca encargado de la elaboración e interpretación de los quipus.

Tupu [tupu].— Alfiler o prendedor.

Uncu [unku].— Prenda de vestir masculina, similar a una túnica o camisa, que usaban los habitantes del Imperio inca.

Urin [urin].— Abajo. Donde *hanan* es "arriba".

Urpu [urpu].— Cántaro inca.

Ushnu [ushnu].— Pirámide rectangular ubicada sobre una explanada, en la que se realizaban distintos rituales en la cima.

Bibliografía

1. Adorno, R. (2002). *Un testigo de sí mismo. La integridad del manuscrito autógrafo* de El primer Nueva Corónica y buen gobierno de *Felipe Guaman Poma de Ayala* (1615/1616). http://www5.kb.dk/permalink/2006/poma/info/es/docs/index.htm
2. Alconini, S., & Covey, R. A. (eds.). (2018). *The Oxford handbook of the Incas.* Oxford University Press.
3. Amino, T. (2019). Los tres rostros del inca: concepciones y representaciones cambiantes de los incas durante el periodo colonial. En I. Shimada (ed.), *El imperio inka* (pp. 713-736). Lima: Fondo Editorial de la PUCP.
4. Artzi, B. A., Nir, A., & Santa Cruz, J. F. (2019). Los fragmentos de Vilcabamba, Perú: un testimonio iconográfico excepcional de la visión andina sobre el enfrentamiento entre indígenas y españoles. *Latin American Antiquity, 30*(1), 158-176.
5. Astete, F. H. (2017). *Los Incas y el poder de sus ancestros.* Fondo Editorial de la PUCP.
6. Astete, F. H., & Cerrón-Palomino, R. (eds.). (2016). *Juan de Betanzos y el Tahuantinsuyo: nueva edición de la Suma y narración de los Incas.* Lima: Fondo Editorial de la PUCP.
7. Baca, A. M., Pomalima, Y., & Téllez, S. (ed.). (2020). *El gran camino inca. Perú: integración y diversidad. Catálogo de la exposición itinerante* (2020-2021). Lima: Ministerio de Cultura del Perú.
8. Banco Central de Reserva del Perú (BCRP). (s. f.). https://www.bcrp.gob.pe/docs/Transparencia/Notas-Informativas/2012/nota-informativa-2012-03-21.pdf
9. Bauer, B. S. (1999). The early ceramics of the Inca heartland. *Fieldiana.* Anthropology, 31, i-156. JSTOR, http://www.jstor.org/stable/29782643
10. Bauer, B. S., & Covey, R. A. (2002). Processes of state formation in the Inca heartland (Cuzco, Peru). *American Anthropologist*, 104(3), 846-864.
11. Bauer, B., & Smit, D. (2019). "Separando la paja del trigo". Mitos incas, leyendas incas y la evidencia arqueológica para el desarrollo del Estado en la región del Cuzco. En I. Shimada (ed.), *El imperio inka* (pp. 49-77). Lima: Fondo Editorial de la PUCP.
12. Betanzos, Juan de. (2010). *Suma y narración de los Incas, que los indios llamaron Capaccuna, que fueron Señores de la Ciudad del Cuzco y de todo lo a ella subjeto / escrita por Juan de Betanzos; publícala Marcos Jiménez de la Espada.* Alicante: Biblioteca Virtual Miguel de Cervantes; Madrid: Biblioteca Nacional. https://www.cervantesvirtual.com/nd/ark:/59851/bmccn7m9
13. Biblioteca Cervantes Virtual. (s. f.). http://cervantesvirtual.com. [Sección dedicada al Inca Garcilaso de la Vega].
14. Cánepa Koch, G., Zuleta García, M., Hernández Macedo, M., & Biffi Isla, V. (2011). *Cocina e identidad: la culinaria peruana como patrimonio cultural inmaterial.* Lima: Ministerio de Cultura del Perú.
15. Canziani, J., Butters, L. J. C., Dam, P., Protzen, J. P., Wiersema, J., & Castillo, S. U. (2011). *Modelando el mundo: imágenes de la arquitectura precolombina.* Asociación Museo de Arte de Lima.
16. Castro, V., & Ceruti M. (2019). Los incas y el culto a las montañas de los Andes. En I. Shimada (ed.), *El imperio inka* (pp. 429-471). Lima: Fondo Editorial PUCP.
17. Cobo, B. (1892). *Historia del Nuevo Mundo* [1653] (ed. Marcos Jiménez de la Espada). Tomo III. Sevilla: Imp. de E. Rasco.
18. Covey, A. (2019). Intenciones del Imperio inca y realidades arqueológicas en la sierra de Perú. En I. Shimada (ed.), *El imperio inka* (pp. 151-171). Lima: Fondo Editorial de la PUCP.
19. Covey, R. A. (2021). The Inca Empire. En P. Fibiger Bang, C. A. Bayly & W. Scheidel (eds.), *The Oxford world history of empire.* Vol. 2: *The history of empires.* Nueva York. (ed. en línea: Oxford Academic). https://doi.org/10.1093/oso/9780197532768.003.0025
20. Cummins, T. (2004). *Brindis con el Inca. La abstracción andina y las imágenes coloniales de los queros.* Lima: Fondo Editorial de la UNMSM.
21. Cummins, T. (2019). Arte incaico. En I. Shimada (ed.), *El imperio inka* (pp. 279-328). Lima: Fondo Editorial de la PUCP.
22. Curatola, M. (2009, 6 de mayo). Los oráculos del antiguo Perú [entrevista a Marco Curatola] *.edu.* https://puntoedu.pucp.edu.pe/voces-pucp/los-oraculos-del-antiguo-peru/
23. Chacaltana, S., Arkush, E., & Marcone G. (eds.) (2017). *Nuevas tendencias en el estudio de los caminos.* Lima: Ministerio de Cultura – Proyecto Qhapaq Ñan.
24. Del Busto, J. A. (2004). *Conquista y Virreinato.* Enciclopedia Temática del Perú, tomo II. Lima: Empresa Editora El Comercio.
25. Del Busto, J. A. (2011a). *La Conquista del Perú.* Lima: Empresa Editora El Comercio.
26. Del Busto, J. A. (2011b). *Los hijos del Sol y Túpac Yupanqui, descubridor de Oceanía.* Lima: Empresa Editora El Comercio.
27. Det Kongelige Bibliotek – El sitio de Guamán Poma. (s. f.). http://www5.kb.dk/permalink/2006/poma/info/es/frontpage.htm
28. Earls, J. (2006). *La agricultura andina ante una globalización en desplome.* Lima: Pontificia Universidad Católica del Perú. Centro de Investigaciones Sociológicas, Económicas, Políticas y Antropológicas (CISEPA).
29. Earls, J., & Cervantes, G. (2019). Cosmología inca en Moray. Astronomía, agricultura y peregrinaje. En I. Shimada (ed.), *El imperio inka* (pp. 211-254). Lima: Fondo Editorial de la PUCP.
30. Garcilaso de la Vega, I. (2010). *Comentarios reales de los incas.* Colección Biblioteca Imprescindibles Peruanos. Lima: Empresa Editora El Comercio.
31. Humboldt, A. (1896). *Sites des cordillères et monuments des peuples indigènes de l'Amérique.* París: Legrand, Pomey et Crouzet.
32. INEI [Instituto Nacional de Estadística e Informática]. (2018). *Censos Nacionales XII de Población y VII de Vivienda, 22 de octubre del 2017. Perú: resultados definitivos.* Lima.

33. Itier, C. (2019). ¿Qué significaba el término inka? *Bulletin de l'Institut Français d'Études Andines* [en línea], 48(2). http://journals.openedition.org/bifea/10587 https://doi.org/10.4000/bifea.10587
34. Julien, C. J. (2018). *Para leer la historia Inca.* Lima: Ediciones El Lector.
35. Kauffmann Doig, F. (2019). *Gentilmantarimay*: La función que desempeñaban los intihuatanas, como el de Machu Picchu. *Revista Yachay*, 8(1).
36. Kaulicke, P. (2019). Conceptos incaicos de vida, muerte y culto a los ancestros. En I. Shimada (ed.), *El imperio inka* (pp. 407-428). Lima: Fondo Editorial de la PUCP.
37. Kusunoki, R., Pardo, C., & Rucabado, J. (2023). *Los Incas. Más allá de un Imperio.* Lima: Museo de Arte de Lima.
38. Lumbreras, L. G. (2012). El adoratorio de Saywite o Concacha. *Revista Moneda*, (151), 48-50.
39. Ministerio de Cultura del Perú. (s. f.). *Qhapaq Ñan* [en línea]. http://caminantesqn.cultura.pe
40. Murra, J. (1975). *Formaciones económicas y políticas del mundo andino.* Lima: IEP.
41. Museo de Arte de Lima (MALI). (2022). *Genealogía de los incas.* [Video].
42. Nair, S., & Protzen J. (2019). Arquitectura y paisaje inca: variación, tecnología y simbolismo. En I. Shimada (ed.), *El imperio inka* (pp. 357-384). Lima: Fondo Editorial de la PUCP.
43. Niles, S. (2019). Considerando las fincas reales de los incas: arquitectura, economía, historia. En I. Shimada (ed.), *El imperio inka* (pp. 385-406). Lima: Fondo Editorial de PUCP.
44. Pavez, A. M., Recart, C., & Hojas, I. (2010). *Sabores de América.* Santiago: Editorial Amanuta.
45. Pease, F. (1991). *Los incas.* Lima: Fondo Editorial PUCP.
46. Phipps, E. (2019). Tradiciones textiles de los incas y sus contrapartes coloniales. En I. Shimada (ed.), *El imperio inka* (pp. 49-77). Lima: Fondo Editorial de la PUCP.
47. Pizarro, P. (1986 [1571]). *Relación del descubrimiento y conquista de los reinos del Perú.* Lima: Pontificia Universidad Católica del Perú.
48. Planas, E. (2013). *Perú: moda y textiles. Peru: Fashion and Textiles.* Lima: Comisión de Promoción del Perú para la Exportación y el Turismo (PromPerú).
49. Rodríguez Garrido, J. (2010). *Felipe Guamán Poma de Ayala: El primer* Nueva corónica y buen gobierno. [Selección y actualización ortográfica de José A. Rodríguez Garrido sobre la transcripción y edición de John V. Murra, Rolena Adorno y Jorge L. Urioste, corregida por Ivan Boserup y R. Adorno]. Biblioteca Imprescindibles Peruanos. Lima: Empresa Editora El Comercio.
50. Rostworowski, M. (1992). *Historia del Tahuantinsuyo.* Lima: Instituto de Estudios Peruanos (IEP).
51. Salomon, F. (2019). Los incas a través de los textos: las fuentes primarias. En I. Shimada (ed.), *El imperio inka* (pp. 49-77). Lima: Fondo Editorial de la PUCP.
52. Tord, M. (ed.). (2020). *Rutas ancestrales del Qhapaq Ñan.* Lima: Ministerio de Cultura.
53. Urton, G. (2019). El estado de las cuerdas: administración de los quipus en el Imperio incaico. En I. Shimada (ed.), *El imperio inka* (pp. 255-278). Lima: Fondo Editorial de la PUCP.
54. Van Kessel, J., Earls, J., Grillo, E., & Araujo, H. (1990). *Tecnología andina: una introducción.* La Paz: HISBOL.
55. Vetter, L. M. (2008). *Plateros indígenas en el Virreinato del Perú: siglos XVI y XVII.* Lima: Fondo Editorial de la UNMSM y Minas Buenaventura S. A. A.
56. Vetter, L. M. (2014). El uso del metal en las culturas precolombinas. *Moneda, 157,* 48-52.
57. Williams, P. (2017). Una perspectiva comparada de los caminos wari y tiwanaku: los antecedentes del Qhapaq Ñan incaico. En S. Chacaltana, G. Marcone & E. Arkush (eds.), *Nuevas tendencias en el estudio de los caminos. Conferencia Internacional en el Ministerio de Cultura. 26 y 27 de junio de 2014* (pp. 30-47). Lima, Perú: Proyecto Qhapaq Ñan – Sede Nacional, Ministerio de Cultura.
58. World Heritage Convention – UNESCO. (s. f.) http://whc.unesco.org. [Página sobre el lago Titicaca].
59. Wuffarden, L. (2005). La descendencia real y el "renacimiento inca" en el virreinato. En *Los incas, reyes del Perú* (pp. 174-251). Lima: BCP.
60. Wuffarden, L. (2020). La memoria de los incas en el Corpus Christi del Cuzco. *En Arte imperial Inca: sus orígenes y transformaciones desde la Conquista a la Independencia* (pp. 132-163). Lima: BCP.

IMÁGENES DE GUAMÁN POMA DE AYALA:

1. Royal Danish Library, GKS 2232 kvart: Guamán Poma, *Nueva corónica y buen gobierno* (c. 1615), *page* [120].
2. Royal Danish Library, GKS 2232 kvart: Guamán Poma, *Nueva corónica y buen gobierno* (c. 1615), *page* [366].
3. Royal Danish Library, GKS 2232 kvart: Guamán Poma, *Nueva corónica y buen gobierno* (c. 1615), *page* [256].
4. Royal Danish Library, GKS 2232 kvart: Guamán Poma, *Nueva corónica y buen gobierno* (c. 1615), *page* [1147].
5. Royal Danish Library, GKS 2232 kvart: Guamán Poma, *Nueva corónica y buen gobierno* (c. 1615), *page* [263].
6. Royal Danish Library, GKS 2232 kvart: Guamán Poma, *Nueva corónica y buen gobierno* (c. 1615), *page* [390].
7. Royal Danish Library, GKS 2232 kvart: Guamán Poma, *Nueva corónica y buen gobierno* (c. 1615), *page* [86].
8. Royal Danish Library, GKS 2232 kvart: Guamán Poma, *Nueva corónica y buen gobierno* (c. 1615), *page* [132].
9. Royal Danish Library, GKS 2232 kvart: Guamán Poma, *Nueva corónica y buen gobierno* (c. 1615), *page* [130].
10. Royal Danish Library, GKS 2232 kvart: Guamán Poma, *Nueva corónica y buen gobierno* (c. 1615), *page* [1132].
11. Royal Danish Library, GKS 2232 kvart: Guamán Poma, *Nueva corónica y buen gobierno* (c. 1615), *page* [975].

1.

2.

3.

4.

5.

6.

7.

8.

9.

10.

11.